JN093811

55歳から
「実りの人生」

佐藤綾子

サンマーク出版

プロローグ ～人生後半をしあわせに生きるヒント

このところ立て続けに、昔なら「高齢者」とひとくちに呼ばれた方々が大活躍していることに驚きます。

茶道の千玄室《せんげんしつ》さんが一〇〇歳で「先日国連でお茶を献上して来ました」というのを聞いて仰天したり、私より二回りも年上の佐藤愛子先生（現在一〇〇歳）が、九八歳で書いた本が大ヒットして映画化されたり、世界ではアメリカを代表する外交官のヘンリー・キッシンジャー氏が一〇〇歳で先日亡くなり、半年前まで中国の要人と交渉中だったと聞いてドギモを抜かれました。

彼らを「高齢者」というなら、いったい何歳からが「高齢者」でしょうか。リンダ・グラットンが名著『ライフシフト』（池村千秋訳・東洋経済新報社・〈アンドリュー・スコットとの共著〉）で「一〇〇年人生」という言葉を日本人に広め、あっというまに「人生って一〇〇年スパンで考えようよ」という人も増えました。

私を含む戦後すぐの世代を、堺屋太一さんが「団塊の世代」と命名。この世代は猛烈に働いて日本の高度成長期を支えました。大阪万博も新幹線もこの世代の産物です。

それなのにいま、「認知症が増えて社会が心配だ」とか「介護負担や医療費が若い世代にのしかかっている」とか言われ放題です。「迷惑なお荷物じゃあるまいし」と内心ハラが立ちます。


でも、言われ放題の「高齢者」をどこに定義するかは別として、少なくとも四〇代後半や五〇代は若者ではありますまい。「子育てが終わったら何をしようかな?」とか「定年退職後の生きがいは?」、「生涯十分な資産があるかしら?」などと、きっと考えるでしょう。

とくに「団塊の世代」はいま七〇代ですから、「お団子みたいにどっと生まれて、どっと競争して目に見えるしあわせを追いかけるだけで人生終わりでよいはずがない」と感じている人が増えたようです。

人生一〇〇年なら五〇歳から後半、七〇代以降は立派な後半代表者です。一生のエンドマークがくっきり見えている九〇代とは違うにしても、人生後半を楽しく明るく、しかもほかの人や社会に貢献して生きたいと願う人は多いでしょう。私の身近には、三〇代の若者でもそう話し、そう行動する人は何人もいます。

おや、こんなことをお話ししている自分の紹介があとになりました。

私の専門は「パフォーマンス学」です。世界初の「パフォーマンス学」を学びたくて、一九七九年、大反対する心臓外科医の夫を押しきって、小学二年生だった大切な一人娘を長野県の実家に預けてニューヨーク大学大学院に飛びました。

何といっても娘が心配ですから二年も留学していられません。通学時間短縮でオンボロの大学生寮に住んで二年分の単位を一年でとり、上智大学大学院での日米比較演劇での修士号に続く二本目の修士号を取得して無事帰国しました。

世界のパフォーマンス学卒業生第一号となった私は、「日本人の自己表現力を上げて世界できちんと発言できる日本人を育てたい」という一心でした。

でも、そもそもそんな学問が日本になかったのですから、八一年にやっと玉川大学の非常勤講師として一コマ持たせていただいたのも、当時の小原哲郎理事長のおなさけのようなものです。英語で授業をやる条件で、ニール・サイモンのミュージカルを教えました。

それから今日まで、ひたすらパフォーマンス学の普及と認知に邁進《まいしん》してきました。大半の日本人の意識はまだグローバル社会到来に遠かったせいもあり、無関心でした。とくに学者からはさんざんの酷評と無視で「どうせ数年で消えるでしょう」といった大学人も一人や二人ではありませんでした。

追って詳述しますが、そんななかで最初に出した『愛して学んで仕事して』というデビュー作が、版元のグラフ社の社長の「無名の主婦の本だから売れないでしょう」という予言に反して、女性たちからの支持が集まり、数年間で一七刷を超えるヒット作になりました。その後、講談社文庫になり、ＰＨＰ研究所で新版が出たりして、累計二〇〇万部になっています。

一方、パフォーマンス学に関しては本にも出せず、内心「これは違うなあ」とつぶやくばかり。そこで不思議な出会いをした青春出版社の小澤和一《わいち》社長の「パフォーマンス学という言葉をいま出さないとあなたはきっと後悔しますよ」という助言で、一九八五年に時代を先取りした『パフォーマンス人間の時代』を出版、これが幸い七万部売れました。

聖路加国際病院の日野原重明先生がこの本に目をとめてくださって、「メディカル・パフォーマンス学」の研究開始、そして当時の中曽根康弘首相も読んでくださって政治家の演説や選挙のためのポリティカル・パフォーマンス学開始、多くのすぐれた経営者の目にもとまり、雑誌対談も増えました。

アサヒビールの樋口《ひぐち》廣太郎《ひろたろう》社長（当時）に長野駅から上野までの列車の中でお願いし続けて、ついに彼が一年間だけという条件つきで会長をお引き受けくださって「国際パフォーマンス学会」を設立したのは一九九二年でした。

それが、私のガムシャラ人生です。でも、もしもいかにも順調そうに見えたら、それは違います。たしかに、いくつかの実りを得てきました。世間はそれを「成功」と呼ぶかもしれません。でも、違うのです。

二〇〇一年、せっかく五四歳で八〇〇枚に及ぶ博士論文が受理されて博士号をとり、盛大な祝賀会も開かれたのに、同時に失意と後悔のどん底に落ちました。「これをふつうは成功と呼ぶかもしれないけれど、何かが間違っていた。本当に大切なものはほかにあった！」と痛感する出来事を長野県の松原湖で経験しました。

その出来事についてはあとで詳述するとして、そのときにまるで宇宙からの光のように私をとらえてしあわせな想《おも》いで満たしてくれた気づきが、「人生の果実《フルーツ》」です。夏の早朝の湖で、さっきまで泣いたり落ち込んだりして半年間は自分でも最悪の日々でしたが、この日、運命が変わりました。

大学教授とかそんな肩書きのことではない、貯金通帳の金額でもない、著作がたくさんあることでもない。そのときの救いは、自分に充てられた「光」でした。「みんなに貢献して生きていきたい」という強烈な想いでした。

子ども時代から病弱で、母が「大きくなったら人の役に立つ人になりなさい、教師がいいね」といって育ててくれたこともあり、「人の役に立つこと」はもともとの使命でした。だからパフォーマンス学を開始したのですから。

でも、このときの「人の役に立つ」はそれまでと意味が違いました。「貢献とか生意気いっている場合ではない。何かをさせていただくことが自分の喜び、果実《フルーツ》であり、人生の最終目的だ」という気づきです。

みなが喜んで集まれる家を建てたい、その名前を『優&愛』とするという案も、そのときにご一緒していた世田谷中央教会の安藤啓子牧師夫人と一気に考えました。

実際に二年がかりで小ビルを建て、そのことを書いたのが『はじまりの家』（NTT出版）です。帯は日野原重明先生にお願いし、「この本には、困難の中から歩み始めた著者の新しい魂の門出が描かれている。その門出に読者を誘っていく文章が、じつに爽やかだ」という宝物のような言葉をいただきました。

その直後から一気に一〇冊以上くり返し読んで、自分の書斎や寝室の壁まで貼ったのが、アメリカの牧師でハーバード大学の神学部教授だったヘンリ・ナウエンの本です。彼は教授職を辞して最後はカナダのトロント近郊の知的障害者の共同体「ラルシュ」の創設にも貢献して、そこに住みました。

彼の日記スタイルの本に「人生に大事なものは成功ではなく果実だ」という記述がありました。「成功（サクセス）は名声や強さの中にあり、果実（フルーツ）は弱さの中に、人との交わりの中にある」。そのとおりだといまも思っています。

実際に私は数年前トロントのラルシュを訪問して、このことの意味を実感しました。障害のある人が輝くだけでなく、それを支える人々の顔もまた喜びでいっぱいでした。

何ができるかは人それぞれでしょう。会社の仕事や子育てが終わっても、私たちみんなには「いま、人のためにできること」がたくさんあります。おいしい食べ物を作ること、街中を笑顔で満たす人。その喜びが果実です。

この本を「人生後半をどう過ごしたら充実するのかしら？」と、ふと不安になる人に、そしてすでに自分のできる何かを使ってたくさんの人々を助けている人々がそのすばらしさをもっと深く味わうために、心をこめてお届けしたいと思います。パフォーマンス学の知見も入れて、私の失敗談も正直にお伝えします。

読後のあなたにいつか街のどこかで会って、「生きているって、すばらしいですね」「人生後半だからいえることですね」と声をかけていただけるかもしれないことを楽しみにして、私も喜んでこの本を書き始めます。さあ、ご一緒に、旅のスタートです。

二〇二三年　実りの秋に

55歳から
「実りの人生」

目次

第1章

「弱さ」と向き合う

第2章 「大善」を生きる

第3章 「直感」の声を聴く

第4章 「与える」と豊かになる

第5章

「時分の花」を咲かせる

ブックデザイン　水崎真奈美
編集協力　乙部美帆
本文組版　山中 央
構成　山田由佳
編集　斎藤竜哉（サンマーク出版）

カバー・章扉イラスト　iStock.com/vladimir_karpenyuk

第1章

「弱さ」と向き合う

人生後半は成功よりも果実

人生の折り返し地点を過ぎ、人生のゴールが視野に入ってくる頃になると、「これからの人生をどう生きるか」ということが誰にとっても大事な課題となるでしょう。私も五四歳のときに大きな転換点があり、それ以降、人がしあわせに生きるにはどうすればよいのか、以前にもまして真剣に考えさせられることになりました。

大きな示唆を与えてくれたのは、オランダ出身のカトリック司祭であったヘンリ・ナウエン（一九三二〜九六）でした。ナウエンは、アメリカのイェール大学やハーバード大学で教授を務めていましたが、あるとき突然大学を辞し、カナダのトロントにあるラルシュ共同体（知的障害のある人々とスタッフのコミュニティ）に移り住み、そこで司祭として生きることを選びました。

世界中で講演したナウエンは二〇冊以上の著書を残しましたが、そのうちの半数以上が日本語に翻訳されています。


ナウエンは人生後半は成功を求めるのではなく、人と人とのつながりのなかで、自分はほかの人のために何ができるのか、何を与えられるのか考えるほうがハッピーだと説くのです。そしてそれを実践することによって豊かな実り（フルーツ）が得られると教えています。

彼の著書一二冊目を読んだ私が、すぐに生徒三人を連れてトロントに飛んだのも、その成果である「果実」をこの目で見たかったからです。

ラルシュ共同体は、広い敷地に学校も病院も牧場も作業場もあって、住んでいる障害のある人々も、その人々と手をつないで生きる世界中から集まった人たちもみなニコニコして「どう？　私たちのやっていることステキでしょう」と目を輝かせているのです。「自分の力に応じて、できることを目いっぱいやって人に貢献するのが自分への貢献でもあり、〝自分たち〟の果実だ」と、私が体中で実感した日でした。

人間のしあわせは成功（サクセスフルネス）ではなく、人生の果実（フルーツフルネス）である――人生後半をしあわせに生きるコツは、きっとこれです。

ナウエンはこのように語っています。

「成功しているということと、実りが多いということとの間には、大きな違いがあります。成功は、強さ、管理、世間体などによってもたらされます。（中略）成功は、多くの報酬をもたらし、しばしば名声ももたらします。しかし実りは弱さと傷つきやすさによってもたらされます。（中略）人と人との交わりは傷を分かち合って出来る果実であり、親しさは互いの傷に触れることを通して出来る果実です。私たちに真の喜びをもたらすものは、成功ではなく、実りの豊かさにあることを思い起こしましょう」（『今日のパン、明日の糧』嶋本操監修、河田正雄訳・日本キリスト教団出版局）

人生の前半では、多くの人がお金や地位、名誉といった成功を求めてきたことでしょう。そしてそれらはたしかに、一定の恩恵を与えてくれたかもしれません。

しかし人生後半でもそれらを求めることが、はたしてしあわせな生き方だといえるのか。私は「ノー」だと考えるのです。

その根拠の一つが、私の講座に通ってきてくれる社会人の生徒さんたちです。私は長年、「佐藤綾子のパフォーマンス学講座®」という生き方と自己表現教育の講座を開いているのですが、新幹線から飛行機まで使って、全国からそこに通ってきてくれる生徒さんたちは、すでに出世も成功もしている方がほとんどです。

パフォーマンス学の最終的な目標は、愛のある人間関係（その範囲は夫婦や恋人同士といった狭義の関係だけでなく、医師・看護師と患者、教師と生徒、趣味の仲間など、あらゆる関係に及びます）を築くことにあるのですが、それを彼ら・彼女らが学びに来る。それはきっと、人の本当のしあわせというのは人と人との関係性にありそうだ、ということを彼ら・彼女らが察しているからに違いありません。

過去の自分を引きずらない

以前、作家の阿川佐和子さんが、私が主宰する『国際パフォーマンス学会』に講演をしに来てくださったことがありました。お父様の阿川弘之さんは最晩年、療養型病院で過ごされたそうなのですが、このときの病院での体験をいくつか話してくださったのです。そのなかで一つのたとえ話として、「部長さま」と呼びかけないと機嫌が悪くなる男性の話がありました。

その男性については、たとえば介護者の方がオムツを取り替えるときに、「○○さん、オムツを替えますよ」と名前で呼びかけたのでは怒り出してしまう。「部長さま、オムツをお取り替えします」とていねいにいわないといけない。食事をするときも「アーンしてくださいい」などというのはもってのほかで、「部長さま、お口をお開けください」といわなければならないのでしょうね、という笑い話でした。たぶん、実際そういう話があるのでしょう。

このような男性は、現役時代に人一倍努力をされて成果をあげた方なのかもしれません。

活躍し、部下の尊敬を集めていたかもしれない。そんな古きよき日の自分を病院にもち込んでしまっているわけですね。別の言い方をすれば、過去の自分に甘えているわけです。

もちろん、介護する側は相手とその方のこれまでの人生に尊厳をもって接するべきなので、言葉遣いや態度には十分に気を配らなければならないでしょう。でも、介護される側が「過去の自分」をもち込みすぎては、周囲とはうまくいかず孤立してしまいます。周囲から愛されるという状況ではなくなってしまうのです。

過去の自分に甘えてしまうのは、男性に限ったことではありません。

新しいサークルに参加する、新たに介護施設に入居するなど、新しい環境で一から人間関係を築いていかなくてはならない場面はいくつになってもあります。

このようなとき、過度に着飾ったり、高価なアクセサリーを煌《きら》めかせてしまう女性がいます。「夫の赴任に伴う海外生活が長かった」「夫が要職についていた」などと話す方に多いような気がしますが、そのかつての輝きを新たな場にもち込んでしまうと当然、場のなかで浮いてしまいます。

ファッションの裏に自分なりのこだわりや信念があり、個性的なものにまで昇華していればまだいいでしょう。しかしたんなる誇示であり、言動のなかにも無意識のうちに過去の自慢が含まれているなどすると、やはり周囲からは孤立してしまいます。

これではなかなか他人からは愛されませんね。

自分らしくふるまう

「過去の自分に甘えない」というのは、「過去の『仮面』に甘えない」と言い換えることもできます。人はその時々でペルソナをつけ替えて生きています。

ペルソナ（persona）とはラテン語で、もともとの意味は「面」です。人間を表すパーソン（person）と同じ語源です。人はみな社会的動物なので、その役割に応じてペルソナ（面）をつけ替えます。○○家の令嬢だとか△△会社の社長、医師、弁護士のように。心理学では環境に適応するための社会的「役割演じ」という意味で用いられており、人格形成にも大いに影響します。子ども時代のわんぱく坊主が五○歳の同窓会では弁護士として立派にふるまったりするように。

シェイクスピア（一五六四〜一六一六）は、劇中の人物に「人は面をつけて、この世をうろつき回る影である」といわせました。ドイツの哲学者ニーチェ（一八四四〜一九〇〇）は、著書『善悪の彼岸』のなかで「深いものはすべて仮面を愛する。すべての深き精神は仮面を必要とする」と書きました。要するに、人はその時々の状況に応じて仮面をつけ替え、その仮面らしいふるまいをして生きているということ。


日本の古典芸能の一つである能では、主役であるシテが面をつけて演じます。翁《おきな》の面、女面、男面、鬼神の面、怨霊面など、演者は役の面をつけ、その面にふさわしい演技をします。そしてたとえば「道成寺」のように、最初は女面をつけていた演者が後半になると般若《はんにゃ》の面になるように、同じ人物が違う面をつける場合もあります。

女面をつけているときには女面らしい一面を見せ、般若の面につけ替えたあとは般若らしい一面を見せる。これは私たちも同じで、職場に行けばビジネスパーソンの面を被りシャキシャキと仕事をこなす女性も、家に帰れば妻や母の面につけ替え「らしく」ふるまい、親の前に行けば娘という仮面をつけて「娘らしく」なるわけですね。

苛烈なリストラを敢行して社員をバッサバッサと「斬っている」経営者が、家に帰れば台所で野菜を切らされている、なんてこともあるでしょう。

このとき大事なのは、それぞれの面にはその面らしいふるまいがあるということです。経営者の面には経営者らしい、父親の面には父親らしいふるまいがあり、それをしなければ周囲は困惑してしまいます。

リストラをしている経営者が職場での冷徹さを家に持ち込めば家族は破綻してしまうでしょうし、また我が子に向けるような甘い優しさだけで経営に臨めば、会社はいつかつぶれてしまうかもしれません。

ですから「らしく」ふるまうのは意外に大事なことなのですが、過去の仮面に甘えている人は、本来の「自分らしい」ふるまいができなくなってしまいます。先の「部長さま」なら、部長という仮面はとっくに外れているはず。彼が病院でつけているのは、本来は入院患者という素に近い「面」がいいのです。
「部長さま」と呼ばれないと不機嫌になるのは入院患者らしからぬふるまいですね。
でもそれをしてしまうのは、過去の仮面に甘えているからでしょう。

素顔にもよさがある

人は社会ではつねに「面」をつけています。面のなかにはつけ心地のよいものもあるでしょう。その面をつけていれば、それだけでまわりがチヤホヤしてくれるような、自尊心を高めてくれるようなものもあるでしょう。私の「大学教授」だって、それだけで威張る人もいます。でもいくらつけ心地がよくても、仮面に頼りすぎてはいけないのです。頼るべきは面をつけている本体、つまり中側の自分、「素の自分」です。

人はつねに面をつけていますが、同時に面をつけている「自分」というものがある。

この「素の自分」をいかに豊かにするか。これは人生後半の大きな課題の一つなのではないでしょうか。

能では、演者が面をつけない演技があります。面をつけずに「素顔」で演じることを直面《ひためん》といいます。

世阿弥は『風姿花伝』に、「直面《ひためん》（素顔でやる）申楽もまた大変難《むつか》しい。一体、直面は、役者が持って生れた生身《なまみ》で、ありのまゝやるのだから、やさしいはずであるのに、不思議に能の実力が上がらないと直面の能は見られないものである」（川瀬一馬現代語訳）と書いています。

これは現代の私たちにも通じますね。どんなにつけ心地のいい社会的面も、いつかは脱がざるを得ないときがきます。たとえば名のある会社に勤めて高い地位についている人がそのことをどんなに誇りに思っていても、定年になったらその面は外さないといけません。子どもの教育に熱心で、それを楽しんでいた母親も、子どもが学校を卒業したら、自分もまた「教育ママ」の面をとって、新しい自分の「面」をつけて成長します。

そのときの面だけに頼りすぎていた人は、面が外れると「自分には何もないじゃないか」「自分は空っぽだ」などと嘆くことになるでしょう。抜け殻のようになってしまったその人は、端から見ていてもつらい。

でも本当は「何もなくなる」「空っぽになる」ということはありません。面を外しても、面をつけていたもとの自分自身は残ります。そして実は、素の自分のほうがずっとずっと大事でしょう。

現在は壁画などで残っているだけですが、古代ギリシャの屋外で演じたギリシャ古代劇の面は頭部をすっぽり包み込む大形であったと仮面研究の専門家である中村保雄氏は述べています（『仮面のはなし』ＰＨＰ研究所）。

それに対して、能で用いる能面は人の顔より少し小さくできていて、わずかに顔の一部分が見えます。面と顔の間にわずかな余白がある。能は観客が想像力を働かせて楽しむ芸術ですが、観客はその余白に、面の向こうにある演者の素の部分を見ようとする。素が磨かれていなければ、どんな面をつけていても観客はそれを見抜くでしょう。

私たちも同じで、どんなにすばらしい仮面をつけていても、それをつけている自分が豊かでなければそれは他人から見抜かれてしまうし、本当に豊かとはいえません。

こういうと、素の自分に対してやはり「自分には何もない」「空っぽだ」と思う人もいるかもしれません。しかし私は、そんなことはないと強く思うのです。

人生を歩み出したばかりの子どもや若者がそういうのなら無理もない。ですが、人生の後半を生きている人にはこれまで積み重ねてきた人生があります。その人生のなかにはきっと光る何かがある。誰にでも必ずある。それをこれから一緒に探していこうではありませんか。

現代でも、素顔を見せる「直面」は経験を積んだ演者でなければ難しいといわれています。それまでの豊かな人生経験と稽古《けいこ》、積み重ねられた体験や知識からくる品格などが刻まれている顔でなければ、観る人の心を打つことはできないのでしょう。

そう、この直面のように、年齢を重ねた人だからこそできることがあるのです。

おもしろいのは、世阿弥が「素顔もまた面なり」といっている点です。

直面は演者が素の顔を見せてはいますが、大げさに表情を動かすこともしません。体の少しの動きで、万感の思いをしっかり伝えています。素の自分があってこそ、人は社会でも家庭でも、いきいきとさまざまな「面」を見せていけるに違いありません。

綱渡りの人生から抜け出す

先にも述べたとおり、ヘンリ・ナウエンはハーバード大学神学部の教授の職を辞して、人生の後半をカナダ・トロントにある知的障害者のコミュニティであるラルシュ共同体に移り住み、牧師として過ごしました。

彼はたくさんの著書を残しましたが、そのうちの一冊に、自分の人生の前半を振り返って、「細い柱を二本立ててその間に細いロープを渡して、その上を『どうだ、落ちないだろう?』と歩いているようなものだった」と記していました。風が吹けば吹き飛ぶようなあやうい綱渡りをしながら、自分の強さをことさらに誇示していく。彼はそんな生き方から脱するべく、名声もお金も、家庭すらも放り出して、知的障害のある人々とともにラルシュ共同体に住み、そこで亡くなりました。

この文面に触れたとき、私も自分の人生を振り返ってみて、まさにそのとおりだったのではないかと衝撃を受けたのです。


かつての私は、自分が「これだ！」と思った道を全力で、あるいは全力以上で走り続けるような生き方をしていました。長野県松本市に生まれ育った私は、小学校三年生まで体が弱く、学校を休んでばかり。しょっちゅう肺炎にかかり、父の給料の多くはペニシリンに消えていきました。

そんな状況で、母は「大きくなって体が丈夫になったら、人の役に立つ人になりなさい」と私にいい続けました。母は若い頃、神奈川県横浜市に住み、松下電器に勤めていたそうです。しかし第二次世界大戦が始まり、避難のために生まれ故郷である長野県の安曇野に戻り、そこで父と結婚しました。

母は本当は教師か小説家になりたかったそうですが、夢は戦争で断ち切られてしままった。その夢を娘の私に託したのでしょう。「教師か小説家になりなさい」ともいわれ続けました。

母の期待どおり、私は信州大学教育学部を卒業すると中学校教師になり、東京・江戸川区のある中学校で教壇に立ったのです。その中学校では男子生徒は坊主刈りにしなければならないという校則がありました。いまでいうブラック校則です。

あるとき、一部の男子生徒たちがこんな校則はおかしいと声をあげました。そして彼らは「坊主刈り反対のビラを作って配りたい」といったのです。彼らの思いに大いに共感した私は、職員室のガリ版印刷機を使ってビラ作りに協力しました。すると校長がそれに怒り「坊主刈り反対の応援をやめるか、教師をやめるか二つに一つだ」と私にいってきました。中学教育にすっかり失望し、ここでは私はまだ子どもたちの自由を守れないと考え、辞表を出しました。

同時に自分のなかの基盤のなさも思い知らされました。自分のなかにもっと確固たる何かがなければ、たんに反対意見をいうだけの新米教師と思われても仕方ない、大学院へ行き学び直しをしようと思ったのです。

しかしこの前年に結婚した私は、この頃ちょうど子どもを授かっていました。そこで子どもが小学校に入るのを待ち、子どもの小学校入学と同時に、私は三〇歳で上智大学の大学院へ入学。ここからは怒濤《どとう》のような日々でした。

大学院では英米文学を専攻し、演劇理論について研究。それはとてもおもしろいものでしたが、学び、研究するうちに「現実のなかで生身の人間が行う演技性の研究のほうが奥深いのでは」と考えるようになりました。演劇は現実を模写したものですが、コインの裏と表のように、人というのは現実という舞台で「演技」をしているもの。その現実の演技性について研究したいと思うようになったのです。

それを学べる大学はどこにあるのか。国内海外を問わずに手当たりしだいに調べていくと、その翌年にニューヨーク大学大学院に「パフォーマンス研究科」が新設されることがわかりました。「ここで学ぶしかない！」と思った私は、夫の強い反対を押しきり、小学二年生だった娘の面倒は松本市の実家の両親に頼み、単身ニューヨークへと飛びました。そして通常は二年かかる修士課程を一年間で終え、「これからの日本人がきちんと自己表現するためにパフォーマンス学は絶対に必要なもの」と確信して、その学問を日本にもち帰ったのです。

帰国後は、とにかく日本でパフォーマンス学を広めたいという一心で邁進《まいしん》しました。大学の講師から助教授、そして教授となり大学の教壇に立ちながら、一方で『パフォーマンス人間の時代』（青春出版社）『愛して学んで仕事して』（講談社文庫）などの著書を出版。パフォーマンス学会の創設と会社の設立など、文字どおり目の回るような忙しさでした。

四二歳のとき、私は夫に離婚を申し出ました。結婚したのは二二歳ですから、ちょうど結婚生活二〇年目のときです。

夫は大学病院勤務の心臓外科医をしており、平日の昼間はもちろん、夜間や休日も緊急手術が入れば病院に呼ばれました。女性が育児を一人で担う「育児のワンオペレーション」は、社会はもちろん本人にも自覚がないほど当然の時代です。私は育児に家事、そして自分の仕事をし、そのうえ「勤務医の妻」としての役目もこなしました。夜中に「緊急オペが入ったから看護師たちのおにぎりを用意してほしい」といわれれば、それが深夜の二時でも三時でも即応じたのです。

仕事に育児と家事、そして勤務医の妻としての役目をすべて完璧にこなそうとすれば、睡眠時間を削るしかありません。体はヘトヘトでしたが、娘が大学に入るまでは何とか踏ん張ろうと思いました。

そして娘の大学入学が決まったとき、二〇年間私の仕事には反対だった夫に離婚を切り出したのです。夫に何か問題があったわけではありませんでした。ただ、これからは自分の仕事にもっと集中したい、喜んで仕事をさせてもらえる環境にいないと、過労で健康を害してしまうと訴えたのです。

夫は相当に驚き、困惑し、最終的には弁護士が入っての離婚となりました。この頃、私の収入は夫とほぼ同じくらいの額がありましたから、妻の役目を卒業し、「よし、これからは仕事に邁進できる」と、私にとっては清々《すがすが》しい離婚となったのです。

悲しみの果てに見つかるもの

離婚から半年ほどたったある日、ある大使館のパーティーで初対面の開業医の歯科医Fさんから声をかけられました。彼はそれから一一年間にわたり私を支えてくれる大事な人になりました。

彼とのつきあいが始まったきっかけは、彼が笑顔の研究をしていたこと。その内容はパフォーマンス学と深く関連しており、同志のような親近感が湧きました。そして互いの研究データのやりとりなどをしているうちに、まったくの初対面のときから彼が真剣に私に好意を寄せてくれていることがわかったのです。

しかし彼は既婚者で、まだ小さな子どもが三人いました。私は仕事に打ち込むために離婚をしたのに、さらにまたほかの男性に束縛されるなんてという思いもあり、そのこともはっきりと彼に話しました。

でも彼は私の知らないうちに奥様に離婚したいと申し出て、弁護士が入って離婚協議を続けていました。その間も、本業の歯科医業をそっちのけでアメリカやフィンランド、アフリカ共和国、コスタリカなどでの学会にもつきそってくれ、私の仕事をサポートしてくれたのです。

そこまでしてくれたら私の心も動きます。しかしその一方で、当時実践女子大学の教授であり、日本のパフォーマンス学の創始者として活動を牽引《けんいん》していかなくてはならない立場で、何も考えずに愛に身を投じることはできないという思いもありました。また、彼を私の人生に巻き込めば、歯科医師で院長としてうまくはいかなくなるだろうことは目に見えていました。悩んでも悩んでも答えが出ない日々でした。

この頃、私はパフォーマンス学の研究をより深めるために、心理学領域で博士号をとろうと決めていました。自分が誰かにパフォーマンス学の博士号を出して研究仲間を増やしたい。そのためにはまず私が博士号をとらなければ、と考えたからです。

四八歳で立正大学大学院に入学し、論文を書き始めたときには四九歳になっていました。彼からのプロポーズに「イエス」といわずに、ときには朝四時までぶっ続けで博士論文の執筆に集中していたのです。

大学教授の仕事に会社経営などを進めながらの論文執筆は過酷なものでしたが、人というのはその思いが並でないほど強いとき、突き進めてしまうものなのですね。毎日何とか時間を捻出し、コツコツと論文を積み上げていきました。そして八〇〇枚、三〇万文字の論文をついに書き上げたのです。

二〇〇一年三月、ついに立正大学講堂で盛大な博士号の授与式が行われたときには私は五四歳になっていました。

でもその約一カ月前、Fさんは突然私のマンションにやってきて、紙切れを一枚、私に渡しました。そこにはようやっと書いたと思われるような、葉っぱがバラバラに散ったような文字で書かれた「僕はもう君を支えることができない。君に迷惑をかけられない」という文面がありました。彼は心身ともにボロボロに疲れ果てて痩せこけ、瞳は虚《うつ》ろでした。一一年間のおつきあいが終わった「燃え尽き症候群」でした。そしてそのまま、彼は私の前から去っていったのです。

同じ三月、今度は愛する母が帰らぬ人となりました。

母は晩年、長野県で妹一家と同居し、体の調子が悪くなってからは妹が介護をしてくれていました。腰痛で軽いうつ状態になっていた母は、亡くなる数日前にいっさいの食欲をなくし、「死にたい」とばかりこぼして亡くなったのです。

母の生前、私は日曜日になると長野に帰り、母を見舞いました。でも平日はずっと妹にまかせっきり。母が亡くなって初めて、もっと自分が何とかできなかったのかと後悔が押し寄せました。

博士号の授与式には、妹が母の遺影を持って参列してくれました。妹もポロポロ涙をこぼしていましたが、気丈に「お姉さん、よくやったね」といってくれました。私は喜びと同時にこれ以上はないという悲しみに打ちひしがれてもいました。論文執筆に明け暮れる裏側で、悲痛な出来事が同時進行していたのです。

博士号の取得という「一勝」の裏で、愛する人をほぼ同時に二人も失うという「二敗」を喫し、喜びと深い悲しみが同時にやってきました。心はバランスを崩し、体も限界を超え、息をするのが苦しくなり、パニック障害になりました。一時は病院に担ぎ込まれ、点滴をしたまま二四時間眠り通しました。

その後も点滴の針を刺しっぱなしにしながら、何とか大学の授業をこなし、授業が終わると病院に向かうという日々が続きました。

すがれるものを探すかのように、私は仏教やキリスト教、比較宗教論などの本を読み漁《あさ》りました。

そのなかの一冊にヘンリ・ナウエンの著書があり「細い柱を二本立ててロープを渡

した上を『どうだ、落ちないだろう？』と歩いているようなものだった」というくだりを見つけました。それを読んだとき、あぁ私のこれまでの人生もまさにそれだったのではないかと深く感じ入ったのです。

パフォーマンス学を日本に広めたいという一心で、もちろん必死の努力もしてきました。そして努力のあとには、たいてい成功がついてきた。大学教授になろうと努力すればそれを手に入れ、パフォーマンス学会を設立しようと思えば協力者が現れ、本を書けばベストセラーになりました。知らず知らずのうちに「どう？　すごいでしょう？」という思いが芽生えていなかったかと問われれば、正直なところたしかにそんな気持ちもあったのです。

そんな気持ちに酔いしれるために時間を使い、その一方で大事な人を傷つけ、またその間に愛する母は老いへの不安と孤独に苦しみながら亡くなっていったのか……。私の苦しみと悲しみはいっそう深まっていきました。

闇の先には光が待っている

「成功は、強さ、管理、世間体などによってもたらされます。（中略）しかし実りは弱さと傷つきやすさによってもたらされます」（前掲書）とナウエンは書いています。

ナウエンはまた、次のように述べています。

「自分自身の痛みを深く理解することによって、私たちは自分の弱さを力に変えることができるようになり、苦しみを正しく理解できずにしばしば闇のなかをさまよっている人々に、自分自身の経験を癒やしの源として差し出すことができるようになる」

『傷ついた癒やし人』（渡辺順子訳・日本キリスト教団出版局）

つまり、ナウエンは弱さこそが人と人をつなげ、人生の実りをもたらすといっているわけですが、それで思い出すのは、私の二軒先の家の奥様、Mさんのことです。Mさんは私が足を痛め、股関節の手術をして以来、ずっとスーパーでの買い物を手伝ってくださり、週一回、届けてくださいます。

Mさんは、漢方薬ではトップレベルの薬剤師、旦那さんも東大の大学院を出て大手自動車メーカーでエンジンの設計を手がけてきたエリートです。当初は朝、ご夫婦で二匹の犬を連れてお散歩されているのでご挨拶をしたり、私のところに食べきれないほどのだだちゃ豆が届いたときにおすそ分けをして、お返しに和菓子をいただいたりという関係でした。

私が足の激痛を抱えて、股関節にチタンを入れる手術をするかどうか迷ったとき、ちょうど彼女のお母様が手術をしたばかりだというので、様子を教えてくださいとお願いしました。すると、当のお母様から丁重なお手紙をいただき、チタンを入れる手術をしたほうがいいですとアドバイスをいただいたのです。

そして私は手術に踏み切ったのですが、退院してもすぐに歩けるわけはなく、杖を使う生活が一週間続きました。家には週二回お手伝いさんが来ていますが、買い物はしません。もちろん私は重たい荷物などは持てません。それで、Mさんは重たいスーパーの買い物は私がしますといって、家に来てくださったのです。

彼女も仕事をもっているし、とてもそんなことはお願いできないと固辞したのですが、ふだん静かな人なのに、「絶対にムリをしてはいけません、自分の買い物と一緒にするから気にしないで」と強くいわれました。それ以来、三年以上、前日に買うもののメモをとりに来ては、自分の家の分と二つの大きな袋を抱えて、うちに品物を届けてくださいます。

これは、私が足を悪くしたという弱みがあったから、そしてその弱みをさらけだしたから、Mさんが力を貸してくださった。彼女は仕事も優秀でしっかりした社会的な立場もある方ですが、私の弱さを受け入れ、よりそってくださったのです。

どんな人でも弱さをもっています。それまでの人生を強さだけで生きてきた人でも、年を重ねると自分の弱さと向き合わなければならないときがくる。とくにそれが顕著に出るのが体です。年とともに体が弱ってくるのは、どんな人も避けられません。それによって心も不安定になったり悩みを抱えたりするようにもなります。

心理学に「ミッドライフ・クライシス」という用語があります。これは中年期特有の心理的危機のこと。人生の中盤に差しかかった人が、「私の人生の本当の意味とは何なのか」などと考え、心が不安定になる状態をいい「第二の思春期」と呼ぶ人もいます。仕事を失敗するなど人生がうまくいかない人だけでなく、仕事でもそれなりの地位につき順調で、家庭も順風満帆、傍目《はため》には人生全般がうまくいっているように見える人でも陥る可能性が大いにあるのが特徴です。また、定年後の六〇代でも陥る人はたくさんいます。（参考：「中年期の自我同一性の発達」『発達人間学論叢』第4巻、大阪教育大学発達人間学講座・宮田義勝）

経験した方は実感していると思いますが、このミッドライフ・クライシスは本人にとってはひじょうにつらいもの。不安や鬱々とした日々が続きます。心に重荷を抱えながらも、仕事や家庭で責任ある立場としてやるべきことをこなさなくてはなりません。

多かれ少なかれ、肉体的な衰えを感じるのもこの頃です。世界更年期学会での基準でいけば、五〇歳からプラスマイナス五歳、すなわち四五歳から五五歳までの間に、老眼や白髪に悩むようになり、人によってはホルモンのバランスが崩れて急に体が熱くなって汗が出るホットフラッシュという症状に悩むこともあります。

こうした更年期障害は、女性ばかりでなく男性にもあり、最近は男性の更年期障害がクローズアップされるようにもなってきました。

つまり、心身ともに「弱さ」を実感せざるを得ないのが中年期であり、かつての私がそうであったように、強さと勢いで成功を手にしてきた人でも、この時期からは弱さに直面し、弱さを抱えながらその後の人生を生きていかなければならなくなる。生き方の転換を迫られるのが、中年期なのです。

中年期のほぼど真ん中である五四歳のときに私を襲った一連の出来事は、まさにミッドライフ・クライシスでした。苦しみと悲しみに七転八倒するような生活（私のミッドライフ・クライシス）は、けっきょく半年間続きました。

渦中では、ただただ苦しいのみ。しかもこの苦しみは誰にもわかってもらえないだろうという孤独な苦しみです。当時パフォーマンス学会の会長を務めてくださったアシックス会長（当時）の鬼塚喜八郎さんが、毎日のように電話をくださったり、大切な友人や仲間が心配して電話をかけてきてくれても、「私のことは誰にもわかってもらえない。私は生きていく気がないのです。いろいろいわないでください」などと罰当たりなことをいっていました。

あとから振り返るとわかることですが、この時期の私は苦しみながらも、心の別のところでは何とか光を見出そうと必死になっていたのではないかと思うのです。それまでにはまったく考えたことのなかった尺度で、自分のこれからの人生の本当の意味を探っていたのではないか。人生後半をどう生きるべきかを模索していたのではないかと思います。

なぜなら、苦しみ抜いた果てに、自分でも思いもよらない場所で、思いもよらぬ考えがポッと出てきたからです。あとになってみると、それが私の大きな人生の転機になっていました。自分の人生において大きく舵《かじ》を切るきっかけとなったのです。

どん底で起きた不思議な体験

その「思いもよらぬ考え」がふと心に湧いたのは、長野県の松原湖でのことでした。松原湖に行くきっかけをつくってくれたのは、近所に住む宮坂雅夫さんです。私がスーパーであまりに虚ろな状態で買い物をしている姿を見かけ、宮坂さんは「佐藤さん、どうしたの？」と突然スーパーに入ってきて声をかけてくれ、「僕が毎週通っている教会に一緒に行ってみようよ」と誘ってくれたのです。

急にそういわれても、それまでキリスト教とはいっさい縁がなく、実家は仏教で、母の葬儀も仏式で執り行ったばかり。うまく思考が働かず、すぐに返事はできませんでした。

しかしその後も何度か宮坂さんが家に迎えに来てくださり、毎回断るのは申し訳ないという程度の思いで、世田谷のサザエさん通りにある「世田谷中央教会」に行きました。行ったのはいいが、牧師のお説教も全然心に入ってこない。ところが、その後にどなたかがいった案内にはなぜか強く反応したのです。

「八月一七日に長野県の松原湖で一泊のバイブルキャンプをやります。参加を希望する人は前にある申し込み用紙に名前を書いてください」

長野県出身の私は松原湖のことはよく知っていました。特別なものは何もないけれど、あそこで丸二日間聖書を読むのはきっと心が静まるだろう。行ってみようかな……。気づいたら、ふらふらと席から立ち上がり申し込み用紙に名前を記入していました。

キャンプの参加者には誰も知り合いがいませんでしたが、牧師夫人の安藤啓子先生の行き届いた配慮で、私は現地に向かう啓子さんが運転する車中ですっかり、そして久しぶりにリラックスした気分を味わっていました。

一日目は夜までみんなで聖書の勉強会をして、夜遅く食堂で夕食のお皿を洗っている啓子さんのお手伝いをしました。驚くことが起きたのは、キャンプ二日目の早朝のことでした。朝五時に起きて私は一人松原湖のほとりに出ました。大学生の頃、仲間たちと一緒に来たことがあったっけ、などと思い出しながら……。日が昇り、湖の周辺は濃い緑が生い茂り、湖面にも緑が映っていました。

そのときです。湖と湖を取り囲む景色全体がパーッと白く光りました。思わず息をのみました。いったい何が起きたのかわからない。ついさっきまで見ていた光景とはまるで違います。

そして緑が生い茂っていたあたりに、木の十字架らしきものが浮かび上がって見えました。さらに目の奥に、首をうなだれているイエス様の姿を感じました。不思議な気持ちでギュッと目を閉じ、再び目を開けると、そこには元の静かな湖だけがありました。

しかし次の瞬間、えもいわれぬ幸福感に包まれたのです。ワーッと声をあげたくなるような気分でした。

私は許されて、生きている……という実感が湧いてきました。

「神様、私は生きていていいのですね。これからは人の役に立つ人生を生き直します」

気づくと、神様に語りかけていました。目からは涙がポロポロとあふれこぼれました。


そこへ啓子先生がやってきました。同室で寝ていた私の姿が見あたらないので、もしや湖で何かしたら大変だと心配して探しに来てくれたのです。

泣きながら「啓子先生、私、クリスチャンになります。そしてみんなの役に立つ仕事をいままで以上にやります」というと、啓子先生は満面の笑みで答えました。

「綾子さん、昨夜話していた、これから何が人の役に立つのか、パフォーマンス学で何の貢献ができるのか、自分の仕事は何か、という問いへの答えが出ましたね。綾子さんは、駅から近くて誰でも来られる家を作ってください。その建物の名前は『優&愛』で『You & I』。あなたと私。本当に素敵よ！」

実は、前の晩に食器洗いを手伝いながら、パフォーマンス学を通して何ができるのか啓子先生と話をしていたとき、ふと口をついて出てきたのが「自宅に小さな交流の場をつくって、そこでパフォーマンス学の勉強会を開くのはどうかしら？」というアイデアでした。

みんなの家を実際に建てるとなれば、まずは土地が必要、いやその前に肝心の資金が必要と課題は山積みです。しかし「大丈夫！　何とかなる、なる！」といわんばかりの明るさで啓子先生は笑っていました。そして私も何だか「できる」と直感して、「はい、私やります」と約束したのです。

その後、次々に読んだコリン・ウィルソンらの心理学の研究書によると、私のこの不思議な体験は「ピークエクスペリエンス」というもので、「至高体験」「ピークモーメント」などとも呼ばれ、「生命と意識が一体化する瞬間で、他者と自分を隔てる溝が閉じ、苦悩が消失し、満足感も不満感もすべて超越した無我の状態」とされています。

のちになって親しくおつきあいさせていただいていた日野原重明先生にお聞きしたところ、「ボディ、マインド、スピリット（次章で詳述）が一体になる瞬間で、全員がそれを味わえるとは限らない。でも、ただならぬ苦悩を乗り越えたときに、そんなふうに感じる人が何人かいますよ」と教えてくださいました。

このような不思議な体験をしたのは、このとき一回限りです。日野原先生がおっしゃったように、そうそう体験できるものではないのでしょう。

しかし大事なのは、このような不思議な体験を得るかどうかよりも、どんなにつらい状況でも逃げずに生き続けることなのではないでしょうか。とにかく生きて、人生の意味を問い続けること。

自分なりの答えが出るまでにどれくらいの時間がかかるか。それはきっと人それぞれでしょう。それでも飽くことなく問い続ける。何もずっと一人で問い続けなくてもいいでしょう。ときには誰かと共に、そしてみんなで一緒に考えていきましょう。

第2章

「大善」を生きる

日野原先生が描いた三つの円

長年、聖路加国際病院の院長（のち理事長・名誉院長）としてご活躍された日野原重明先生は私にとって「恩師」であり、また医療におけるパフォーマンス学の重要性、必要性を誰よりも理解してくださった方でした。

一九八五年、私は初のパフォーマンス学についての著書『パフォーマンス人間の時代』を出しました。あるとき、この本を読んでくださった日野原先生から「ちょっと話を聞かせてほしい」と連絡があり、聖路加病院に先生を訪ねたのです。日野原先生にお会いするのはこのときが初めてでした。そして私が医師と患者がよき関係を築くためにも、医師のためのパフォーマンス学が重要だと思うと訴えると、日野原先生もまったく同じことを考えておられることがわかったのです。

パフォーマンス学の最終的な目的は「愛のある人間関係づくり」にあります。当時はこの点を一般的にはなかなか理解してもらえませんでしたが、日野原先生はパフォーマンス学の本質を見抜いてくださっていました。

そしてここから、日野原先生を始めとする多くの医師の協力や支援のもと、私のメディカル・パフォーマンス学の研究が始まったのです。

日野原先生が医師と患者との関係を深く考えるようになったきっかけは、先生ご自身の体験にあったそうです。

それは先生がまだ若い頃、一九歳の末期がん患者の女の子の主治医になったときのこと。その女の子の母親はシングルマザーで、いつも働き詰めだったそうです。あるとき、その患者さんの容態が悪くなり、本人もいよいよだと察したのでしょうか、「先生、お母さんにありがとうと伝えてください」と日野原先生にいったのだそうです。このとき先生は「いや、何をいっているの。まだ最期じゃないよ」と女の子を励まし、そういいながら慌ててナースを呼び、点滴などの処置を施すためにバタバタと動いたそうです。そして、ふと気づくと女の子は亡くなっていました。

日野原先生は、どうしてあのとき女の子に「わかった。お母さんにいうからね。安心しなさいよ」といってあげられなかったのか、そして一緒にお祈りをしてあげられなかったのかとすごく悔やんだ、といいます。そしてこの体験から、患者のしあわせのために医師は何をするべきかを考え始めたのだそうです。

「舞台上で演じられる音楽や演劇のパフォーマンスと同じように、医療の世界でもパフォーマンスは欠かせない」と、私の『医師のためのパフォーマンス学入門』（日経メディカル）の帯にも推薦の言葉をいただきました。そして先生ご自身がパフォーマンス学を活用し、医療の現場での、医師と患者の関係づくりに尽力されました。一九八九年に日野原先生と出会ったことで私のメディカル・パフォーマンス学の研究は始まり、多くの医師の協力のもとに研究はいまも続いています。

先生との気さくなおつきあいも長年続き、先生は一〇〇歳直前にも、一度わざわざ我が家を訪ねてくださいました。

そんな日野原先生が九〇代最後のお誕生日パーティーのとき、ホワイトボードに三つの大きな丸を描き、それぞれの丸にボディ、マインド、スピリットと書きました。そして、人間はこの三つから成っており、人がいきいきと生きるにはこの三つが関わっているのだということを話してくださいました。

先生によれば、ボディは体。マインドは心、精神、意識、または知能。スピリットは魂。そして人が本当にいきいきしているかどうかは、この三つがいろいろな形で関わっており、なかでも重要なのはスピリットで、このスピリットがいきいきしていることが大切なのだといいます。

「障害は不便です。だけど、不幸ではありません」とは、ヘレン・ケラーが語ったとされている言葉。この言葉を『五体不満足』（講談社）のあとがきで紹介した乙武洋《おとたけひろ》匡《ただ》さんは、同じあとがきで「ボクは、五体不満足な子として生まれた。不満足どころか、五体のうち四体までがない。（中略）多くの友人に囲まれ、車椅子とともに飛び歩く今の生活に、何ひとつ不満はない。（中略）声を大にして言いたい。『障害を持っていても、ボクは毎日が楽しいよ』」と書いています。

日野原先生は、たとえばこの乙武さんのように、あるいはヘレン・ケラーのように、人は体が不自由であっても、あるいは病気を患っていたとしても、魂に気が漲《みなぎ》っていれば、体はいきいきとした実感をもてる、というのです。

「いきいきと生きるというのは、結局スピリット次第ではないかという気がしています」「たとえ身体はぼろぼろになっても、スピリットが健康であれば、いきいきしたものが得られると思います」と著書（『いのち、生ききる』瀬戸内寂聴との共著・光文社）でも述べられています。

つまり、人生後半、素の自分を豊かにしようとするとき、スピリットをいきいきさせることがひじょうに重要なのではないでしょうか。

ちなみに、パラリンピックの旗には赤・青・緑の三つの炎がデザイン化されて描かれています。この三つは心・体・スピリットで、人間のもっとも大切な構成要素を表しているのだそうです。

さて、ではスピリットを健康な状態にするにはどうすればよいのでしょうか。日野原先生から学んだこと、また古代ギリシャの哲学者たちが遺した言葉などをヒントに導いた、私なりの方法をいくつか紹介しましょう。

その一つはスピリチュアル体験をすることです。昨今、とくに日本ではスピリチュアルという言葉の意味が広範囲にわたっているようですが、日野原先生によれば、スピリチュアルとは「霊性、霊的なこと、つまり宇宙に存在している何か絶対的なもの」。

先生は二〇〇三年にネパールのポカラ市を訪れ、早朝五時前に起き、ホテルの屋上からヒマラヤのアンナプルナ連峰が朝日に照らされていくのを見たときに、ひじょうに強いスピリチュアリティ（霊感）を感じたといいます。「壮大な自然の中で宇宙や地球の成り立ちに思いを巡らしながら、自分の存在を振り返ってみると、やはりそこには何か大いなるもの、something great の存在を実感させられました」（『けあサポ』私の心と身体の健康づくり第九四回）といいます。

これはおそらく、私が長野県の松原湖で得た体験と同じようなものでしょう。早朝の松原湖がパッと白く光り、次の瞬間、えもいわれぬ幸福な気分になり、突然エネルギーが湧いてきた体験です。

このような体験は、まさに魂が洗われるような気持ちになります。ボディでもなく、脳がつくり出すマインドでもなく、心身のど真ん中にあるスピリットが磨かれるような体験です。

そしてたしかに、このときの私はこの経験によって（＝スピリットが洗われ磨かれたことによって）、生きる力が湧いてきた。ボディもマインドも支えられたのです。

といっても、このような体験は誰もが意図的に、簡単に得られるわけではありませんね。たとえば私がいま再び、早朝の松原湖を訪れたとしても、同じような体験はできないでしょう。

しかし日々のなかで、スピリットを健康に保つ努力はできます。その方法をここからいくつか提案していきたいと思います。

幸せとは人の役に立つこと

スピリットを健康に保つ方法の一つは、「人の役に立つ」生き方をすることです。五四歳からのミッドライフ・クライシスに苦しんだ果てに得た、私の人生の意味とは「人の役に立つこと」でした。地位や名誉、財産を得るといった自分の成功のためではなく、他者の役に立つような行いをして、他者の喜びを自分の喜びとすること。「人の役に立つ生き方」こそがナウエンのいう「フルーツフルネス」な生き方へとつながり、誰にとっても人生の喜びにつながると確信しています。

その根拠の一つは、古代ローマの哲学者たちの言葉にあります。たとえば、ローマ後期のストア学派の哲学者であるセネカ（ルキウス・アンナエウス・セネカ）は、自身の著書『生の短さについて』（大西英文訳・岩波文庫）のなかで、次のように記しています。

最高善とは永続的な徳に喜びを見出し、偶発的なものを軽視する精神である。最高善とは様々な事象に精通し、行動するに冷静沈着、かつ深い人間性と、交わる人々への深い気遣いを伴った不屈の精神である。

セネカは、最高善を得ることが人の幸福だといいます。
では最高善とは何かといえば、一つは「永続的な徳に喜びを見出し、偶発的なものを軽視する精神である」と。
「徳」とは、道徳的、倫理的に善なる「道」をめざし、かつその「道」をたしかに歩み続けている品のある生き方、とでもいいましょうか。「偶発的なもの」とは、地位や名誉、財産といった偶然得られるようなもの、あるいはその時代にたまたまよしとされるもの、流行《はや》りのようなものと考えていいでしょう。これらのものを重視するな、とセネカはいっている。裏返せば、私たちはそのような偶発的なものについ心を奪われがちなのでしょう。

続けてセネカは、「様々な事象に精通し、行動するに冷静沈着、かつ深い人間性と、交わる人々への深い気遣いをともなった不屈の精神」が最高善だと語ります。さまざまな出来事や現象にくわしくなり、冷静沈着に行動し、周囲の人とは深い人間性と気遣いをもって関わりなさいと諭しているわけですね。

このセネカの言葉は、要は「自分の成功のためでなく、人と交わって人の役に立つ生き方をしなさい。それこそが人の幸福なのだ」といっていると、私は解釈しています。

セネカの生年については確証はありませんが、スペインの裕福な騎士の家の出身でBC四年頃～AD六五年、つまり紀元〇年前後を生きた有名な哲学者です。彼の言葉がこうして現代まで生き続けているということは、この言葉が真実を語っているといえるのではないでしょうか。つまり、彼の言葉はおそらく誰にとってもあてはまるのです。

日本でも経営者や識者トップ層にファンの多いセネカですが、私がセネカの著作を最初に読みふけったのは大学時代です。いまはそれ以上に、心から読んでいます。

また、子どもの頃、母が私にずっといい続けてきた言葉が「大きくなったら、人の役に立つ人間になりなさい」でした。

何十年も前に得て体に染み込んだ言葉を、「そのとおりですね」と、実感をともなって腹の底から理解できる。そして言葉の贈り主に心から感謝ができる。これもまた、人生後半の醍醐味《だいごみ》の一つのように思います。

まずは自分の心を満たす

ほかの人に役立つことをして喜んでもらいましょうというと、「それには自己犠牲がともないますか」と問う人がいます。

実際は、その逆です。自分以外の人たちをしあわせにしようと思ったら、まずは自分がしあわせを感じていることがとても大切です。

心理学のイラストにもよく使われる「シャンパングラス」のタワーを思い出してみてください。積み上げられたグラスすべてをシャンパンで満たそうとするとき、まずはいちばん上のグラスにシャンパンが注がれます。そのグラスがシャンパンでいっぱいになりあふれると、それは下のグラスへと流れ落ちていきます。そしてそのグラスがいっぱいになると、さらに下のグラスへと流れ落ちていく。そう、スタートは、まずはトップのグラスがシャンパンで満たされることなのです。

これはみんながしあわせになるためのヒントをよく表しています。まわりの人をしあわせにしたいと思ったら、まずは自分が十分なしあわせを感じていないといけない。自分の心が満たされていなければ、他者をしあわせにする余裕が生まれないからです。

このことをつくづく感じたのが、まだ結婚していた頃、3LDKのマンションに住んでいたときでした。三部屋のうちの一部屋、八畳ほどの広さの洋間が私の書斎でした。そこはつねに本があふれていました。これから読みたい本、読むべき本、読んだ本がどんどんたまっていき、天井までの高さがある書棚は満杯になり、机のまわり、床、さらには出窓のところまで本が「侵食」していたのです。

窓部分を本が覆ってしまっているため、外から光も入らない。積み上がった本はタワーとなって、いつ崩れてもおかしくない状態です。そんな部屋にいると窒息しそうな気分になりました。

マンションの外から見ても、ほかのお宅の出窓にはかわいらしいお花やぬいぐるみが飾られているのに、私の書斎の窓だけはびっしりと本が積まれている。それを見ていると、もう自分はいかにも「手がいっぱい」という気がして、心にも余裕が生まれませんでした。

こうなると、なかなか誰かのために何かをしようとは思えません。それどころか、自分がいっぱいいっぱいであることを自覚して、気持ちがギスギスしてしまうのです。

自分が豊かで安定した気持ちをもち、ほかの人を思いやる余裕をもつには、たとえどんどん本が増えても大丈夫なようなスペースをもたなければいけないな、とつくづく思ったものでした（このときの反省を踏まえて、現在の家の書斎はかなりの空間と天窓などの余裕があります）。

ですからほかの人に役立とうとするとき、自分を傍らに置いておいて（自分を犠牲にして）誰かのために何かをする、というのはちょっと違うのです。それはけっきょく長続きしないし、周囲の人を本当にしあわせにはできません。

たとえばあなたが一家の主婦で、どんなにがんばって家事や育児をしても、心の底で「私は家族の犠牲になっている」「夫の犠牲になっている」などと思っていたとしたら、あなたの顔から笑顔が消えますから、家族はしあわせにはならないでしょう。

ですから、まずは自分の心を満たすことが大切です。

これについては、その真理を聖書からも読みとることができます。

聖書には「あなたの隣人をあなた自身のように愛しなさい」とあります。

「あなた自身のように」というのは、つまりここでは自分自身を愛していることが隣人愛の前提になっているのです。

ドイツの哲学者フロムは、名著『愛するということ』（鈴木晶訳・紀伊國屋書店）のなかで、「隣人、すべての人を愛しなさい」と書いています。そして「すべての人のなかには自分が入っていませんか？」と問い、「入っていないわけがないでしょう？

すべての人なのだから」と続けるのです。フロムもまた、自分自身を愛することの大切さを説いているのです。

さて、あなたはいまの自分を愛していますか。しあわせを感じていますか。愛していない、または、しあわせを感じていないのであれば、ぜひ本書の続きを読んでください。きっとしあわせになるヒントが見つかるはずです。

感謝のバトンをつなぐ

これまで自分のため、あるいは自分の家族のためだけにひたすら邁進してきた人にとっては、突然「他者のために」といわれても戸惑うかもしれません。生き方のシフトチェンジはそう簡単ではないと思うかもしれませんね。

そのようなとき、有効なのが「感謝のバトンをつなぐ」意識をもつことです。簡単にいえば、誰かから得た感謝の気持ちを別の誰かに返そうと思うこと。

人には、誰かから何かをもらったり、してもらったりすると「お礼をしなくては」という気持ちが働きますね。たとえば近所の方から旅のお土産《みやげ》をもらったら、「今度何かお返しを」と思うし、ずっともらいっぱなしでいるのはどこか落ち着かない。このような心理を、心理学では「返報性の原理」と呼んでいます。

最初から「人に役立つことをしよう」と考えると構えてしまうかもしれませんが、これまでたくさんいただいていたから、今度は誰かにお礼をしようと考えれば、もう少しスムーズに動き出せるのではないでしょうか。

まずはこれまでの人生で、自分がほかの人からもらったもの、またほかの人が自分にしてくれたことを思い出します。あらためて考えてみると、実は私たちはもらったものしか持っていないといえますね。親からもらったこの体、遺伝子、愛情……。また洋服、家、食べ物などはすべて地球の恵みでできています。地球からの贈り物といえるでしょう。

それを直接授けてくださった相手がご存命なら、ぜひお礼をしたいもの。その方の役に立つような何かをするのです。

しかし人生の後半を生きる私たちにとって、残念ながらその相手は亡くなっている場合も多い。そんなときは、別の人に感謝の気持ちを返しましょう。

実は私にも、感謝されるようなことは何もしていないのに、ある方から大きな感謝をいただいた経験があります。ある方とは、青春出版社の創業者であり、名物編集者としても知られた故・小澤和一社長です。

小澤社長に初めてお会いしたのは、いまからおよそ四〇年前。三〇代の私がニューヨークで学んだパフォーマンス学を何としても日本に広めなければという使命感に駆られていたときでした。

でも当時は、私がその活動にどんなに躍起になっても、「パフォーマンス学なんて、しょせん演説やプレゼンテーションを成功させるための見せかけや小手先の技術でしょう?」などと陰口を叩《たた》かれ、パフォーマンス学の芯の部分はなかなか理解されなかったのです。

それでも何とか一人でも多くの人にパフォーマンス学の価値をわかってもらいたい。小澤社長は努力によって道を開いた「立身出世」の成功者で、出版界では注目の人でした。私と同じ長野県松本市の出身で同郷の人ということも知っていました。彼ならわかってくれるのではないかと期待をこめて、お会いしたいとお願いしたのです。

するとすると小澤社長はすんなりと応じてくれて、しかもパフォーマンス学への理解を示してくれました。それだけではなく、間もなく『ＳＡＹ』という若い女性向けの雑誌を創刊するから、連載でエッセイを書いてみないかとおっしゃってくださったのです。その連載はけっきょく一〇年続き、その間もまるで「同志」のような仲のいいおつきあいが続きました。

さらに、「あなたはパフォーマンス学のパイオニアなのだから、パフォーマンス学をテーマにした本を執筆すべきだ」と勧めてくださり、一九八五年に青春出版社から『パフォーマンス人間の時代』というタイトルの本を発刊。それが発行部数七万部のヒットになり、「パフォーマンス」は流行語になりました。そこで、「パフォーマンス学の商標登録を取得したほうがいい。自分の会社を設立しなさい」と次々とアドバイスをくださいました。

アドバイスだけではありません。「会社を設立するといっても、事務所を借りなければならないし」と愚痴をこぼすと、「それならうちの会社に空いているスペースがあるからそこを使えばいい。コピー機も電話も全部使っていい。もちろん賃貸料などはいらないから」と信じられないことをおっしゃるではありませんか。その代わり、毎号『SAY』のほかの人の連載にも意見を出してほしいといわれました。それはむしろ私にとって勉強になるし、ありがたいお話です。喜んでお引き受けし、お言葉に甘えてオフィスも、コピー機や電話もすべて無料でお借りすることになったのです。

どうして小澤社長がここまで私によくしてくれたのか。それにはある理由がありました。初めてお会いした日。面会の部屋に入っていくと、彼は私の顔を驚いたように見つめて、「あっ、先生だ」というのです。実は私が、彼が子どもの頃にお世話になった小学校の先生にそっくりだったそうなのです。

幼少時代の小澤少年は実家が貧しくて、遠縁の親戚の家に預けられたとのこと。幼くしてお豆腐配達をしたこともあるほどで、学校にもお弁当を持っていけない。そんな小澤少年にいつもお弁当を分けてくれた女性の先生がいらしたのだそうです。

その先生に私がそっくりだった。先生はよく赤い服を着ていたらしいのですが、私が小澤社長の会社を初めて訪ねたとき、私も赤いスーツ姿でした。彼は部屋に入ってきた私の姿を見て、「あ、先生だ」と思ったのだそうです。もちろん、その先生と私はまったくの別人です。ですが、顔も容姿もそっくりだったらしいのです。


つまり小澤社長は、いつもお弁当を分けてくれていた小学校の先生への感謝の気持ちを、たまたま先生に似ていた私に返してくれたわけですね。私は感謝されることを何もしていませんでしたが、それでも小澤社長がよくしてくれたことで、私にも深い感謝の念が生まれました。

でも皮肉なことに、小澤社長に感謝の恩返しをする暇もなく、彼は六〇代の若さでがんで急逝してしまいました。

では、この恩を私は誰に返せばいいのか。それはほかの人しかいませんし、返す相手は一人でなくてもいいわけです。小澤社長が小学校の先生への感謝の気持ちを私に返してくれたように、彼とはまったく別の人に返せばいい。別の誰かに役に立つことをすればいいのだと思います。

人は誰しも一人で生きてきたわけではないですし、一人では生きてこられなかった。数知れぬほどの多くの誰かの力によって、こうして生きられている。その感謝のバトンをつないでいこうとすれば、おのずと誰かの役に立つ生き方になるのではないでしょうか。

私が『誰も一人では生きていけない』（青春出版社）を書いたのは一九八六年のことでした。

「大善」のフィルターをもつ

スピリットを健康に保つ方法の一つは、「大善」というフィルターをもつことです。

大善とは、「万人が喜ぶもの」「大いなる善きもの」という意味で、紀元前四世紀に生きたギリシャの哲学者アリストテレスが説いたもの。彼はこれを「agathos（アガトス）」「大いなる善」といいました。（『アリストテレス弁論術』戸塚七郎訳・岩波書店）「大善」という言葉に訳したのは私です。これについては、昨年から日本哲学界のトップであり、東大哲学科の教授でもある納富信留《のうとみのぶる》先生の授業を受ける幸運にあずかり、あるとき「大善」の訳でいかがですか、と問うと「なかなかいいですね」とお墨付きをいただき、ホッとしました。

「四十にして惑わず」と孔子は説きましたが、実際のところ、人はいくつになっても迷うものですね。

どう生きたらよいのか。何をしたらよいのか。どこをめざせばよいのか。他者とどうつきあっていけばいいのか。相手に何といえばいいのか。相手にどういう態度を示せばいいのか。友人や我が子にどのようなアドバイスをしたらよいのか……。日々の迷いはいくらだってあります。

そして自分なりの答えを出したとしても、それが正解といえるのかどうかわからない……。

このようなとき、「大善」のフィルターを使うのです。

迷った末に「こうしよう」と決めたとき、あるいはそれが本当によいのかどうか迷ったとき、この「大善」のフィルターを通して確認しましょう。こうしようと決めたことははたして万人が喜ぶことでしょうか、大いなる善きものといえるでしょうかと。

「万人」「大いなる」という点が肝です。私たちはつい物事を小さな枠の中で考えてしまいがちです。自分にとってどうか、自分の家族や仲間にとってどうかというように。会社や町、国といった枠も同様でしょう。そして小さな枠の中だけで考えた結果というのは、えてして枠外の人たちにとって喜ぶべきものにはならない。それを実行することは他者の利益にはならず、つまりは人の役に立つ生き方に反してしまう。

ですから、万人が喜ぶものかどうか、大いなる善きものであるかという無限ともいえるスケールで考えてみることが大事なのです。いまの「ＳＤＧｓ」も、よく考えるとアリストテレスの「大善」です。

実はこの「大善」のフィルターを通す、という考えはパフォーマンス学の土台にあるものなのです。

パフォーマンス学とは、一言でいえば自己表現の科学です。ある意図をもって言語・非言語で自分を表現するとき、そのふるまいや態度が相手にどう伝わり、人間関係にどのような影響を及ぼすのかを科学的に分析していくことです。

その結果として、「笑いましょう」「一生懸命表情筋を動かしましょう」「スピーチやプレゼンなど対話中は、一分間あたり三二秒のアイコンタクトをとりましょう」など、場面に応じたとるべき動作が見えてきます。

しかしその背後には「個の善性表現」という大きな柱があるのです。

たとえば政治家が次なる選挙の当選をめざして、大衆の前に立つとしましょう。当選するには多くの有権者に好かれる必要があります。聴衆に好かれるための表現ももちろんありますが、それだけをしてもけっきょくは誰も本当にしあわせにはなりません。

そこで聴衆の前に立つ前に「大善」のフィルターを通すのです。

まずは、自分はどのような信念のもとに政治家をめざすのか、どのような政治家になりたいのか、政治家になって何を実現したいのかなどをあらためて整理します。それを「大善」のフィルターに通す。自分の「志」、自分のめざそうとしている姿、自分が成そうとしていることが、はたして「万人が喜ぶものか」「大いなる善きものか」と自分に問う。そして結果がYESであったときに初めて、ではそれを実現するための表現を言語と非言語で組み立てていきましょう、となるわけです。

つまりパフォーマンスとは、自分の善性の表現です。もちろんこれは、政治家に限らずどんな人のパフォーマンスについてもいえることです。どんなに耳ざわりのよいことをいっても、その真ん中にめざすべき芯があり、しかもそれが「大善」のフィルターを通過したものでなければ、それは三文役者の芝居のようになってしまう。受け止めた相手もきっとその嘘《うそ》っぽさ、中身の空っぽさを見抜くでしょう。

たとえば、それこそ私には大きな迷惑ですが、「あれはきっとたんなるパフォーマンスだよ」といった形で、「パフォーマンス」を大げさな表現のことだと誤解する人がいます。しかしそうではなく、柱にあるものは、実は日々の生活のなかで実践していってほしいものなのです。

そして日々、この「大善」のフィルターを通過したことだけを実行に移していく。これをくり返すことでスピリットもまた磨かれていくと考えています。

神様が喜ぶかを考える

大善とは「万人が喜ぶもの」「大いなる善きもの」だとお伝えしましたが、このうちの「大いなる善きもの」についてもう少しくわしく説明しましょう。

大善のフィルターを通す、つまり「(それは)大いなる善きものかどうか」と問うということは、言葉を換えれば「神様だったら喜ぶかどうか?」と考えることです。

古代ギリシャの哲学者たちは言論を展開していくさまざまな場面で問いました。

神様は小切手を切るのを喜ぶだろうか、いや喜ばない……。

神様は取引をするのを喜ぶだろうか、いや喜ばない……。

などというように。

つまり、より善く生きるための行動の指針の一つとして、「神様が喜ぶことかどうか」というものがあったわけです。そしてこの「神ならば喜ぶか、神ならばどうするか」と問い、考える行為をアリストテレスは「観照」といいました。

これは現代の私たちにとってもひじょうに大切な力です。

とくに人生後半を生きる私たちは、それぞれにこれまでに積み重ねてきた経験・知識・知恵があり、それゆえに生まれる間違った思い込みや放漫さも抱えています。自信を得た代わりに謙虚さを失っているかもしれませんし、家族が増えた人ならそのぶん、収入や名誉などの欲求も膨らんでいるかもしれません。

そんな私たちにとって、「神様が喜ぶかどうか」と問うことは、謙虚さを取り戻し、独断を防ぎ、より大きなスケールで物事を考えることにつながるでしょう。

そしてこのとき問いかける「神様」とは、人それぞれに違っていいと思うのです。私の場合はたまたまキリスト教に出合い、洗礼も受けました。ですから私が問いかけるのはいつもキリスト教の神様です。

しかし仏教徒ならお釈迦《しやか》様、イスラム教ならアッラーというように、宗教をもっている方ならそれぞれの心にそれぞれの「神」または「大切な存在」がいらっしゃるでしょう。その「神様」に問えばいい。キリスト教徒の私がこのようにいうのは熱心なクリスチャンの方には叱られてしまうかもしれませんが、特定の宗教にこだわりをもちすぎれば新たな分断を生みます。ですから寛容さは大切でしょう。

では、宗教をもっていない人の場合はどうすればいいのでしょうか。

そのときは宇宙を感じればいいと思うのです。宇宙の誕生は一三七億年前ですが、人類の誕生はわずか二〇万年前。人類は生まれたそのときから宇宙と共にあり、人間はずっと宇宙のなかで生かされてきました。私たちはその一人です。宇宙に思いを馳《は》せれば、いま私たちがこうして生きていられるのは驚くような奇跡の連続の果てであることがわかります。さらに私たちは生まれる日も死ぬ日も自分では決められない。この宇宙のなかで、人間ができることというのは実はごく限られているわけですね。

そこには目には見えない大いなる力、宇宙の意志のようなものがあると考えてよいと私は思うのです。あるいは、私たちを大きく包んでくれる存在とでもいいましょうか。

きっと、この感覚は誰もがもっているものではないでしょうか。私たちは富士山を拝んだり、お月様に手を合わせたり、太陽を「お天道様」と呼ぶなどする。それらはすべて、大きく括《くく》れば宇宙です。人間を超えた存在を、どこかでみんな信じていると思うのです。

その存在、力に向かって「あなたはこれを喜びますか?」と問うのです。

神様でも宇宙でも、とにかく自分より大きな力、目に見えない力を信じ、問いかけてみる。そこで得た答えはきっと、自分だけでなく、より多くの人を幸せにするでしょう。

このように宇宙、大いなる存在を意識し続けることもまた、スピリットを磨くことにつながると思います。

第3章

「直感」の声を聴く

見えない世界を大事にする

私たちはつい目に見える、わかりやすいものを追い求めがちです。それはお金であったり、肩書きや成功であったり……。友人が孫のかわいさを自慢すれば、「私もそろそろ孫がほしい」などと思うかもしれません。

しかし、とくに人生後半になったら、「目に見えないもの」を見ようとすることがひじょうに大事になってくるのではないでしょうか。そしてそれはまた、スピリットを磨くことにもつながります。

ノヴァーリス（一七七二～一八〇一）という、初期ロマン主義を代表するドイツの詩人がいます。彼は次のような詩を詠みました。

すべての見えるものは、見えないものにさわっている。
きこえるものは、きこえないものにさわっている。
感じられるものは、感じられないものにさわっている。
おそらく、考えられるものは、考えられないものにさわっているだろう。

（『光についての論文2120新断片集』より）

私はこの詩を、宇宙物理学博士・佐治晴夫氏の著書『宇宙の不思議』（ＰＨＰ研究所）で初めて知ったのですが、この詩はどんなことをいおうとしているのでしょうか。
佐治氏は、その一例として「一枚の紙のなかに雲が見えるか」と問い、説明しています。紙に雲の絵が描かれているわけではありません。紙には何も描かれておらず真っ白。

目に見える範囲だけで考えたら、もちろん雲は見えませんね。しかしよく考えてみると、紙というのは植物からできています。植物が育つには水が必要。水はもとをたどれば空から降ってくる雨です。その雨を降らせるのは雲です。さらに雲ができるためには太陽の光が必要。

つまり、目の前にある一枚の紙は、植物や水、雲、太陽といった、そこでは見えないものたちとつながっているというわけです。言葉を換えれば、すべてのものは宇宙につながっているといえるでしょう。（参考：『MOYAKO MAGAZINE』二〇一七年一〇月七日）

あるいは、金子みすゞさん（一九〇三〜三〇）の次の詩も有名です。

「星とたんぽぽ」

青いお空のそこふかく、
海の小石のそのように、
夜がくるまでしずんでる、
昼のお星はめにみえぬ。
見えぬけれどもあるんだよ、
見えぬものでもあるんだよ。

ちってすがれたたんぽぽの、
かわらのすきに、だァまって、
春のくるまでかくれてる、
つよいその根はめにみえぬ。
見えぬけれどもあるんだよ、
見えぬものでもあるんだよ。

世の中の成功者と呼ばれる方々、とくに経営者にはこの見えない世界を大事にしている人が多いように思います。日々、多くの社員、そして多くの顧客、社会、また大金に気を配らねばならない彼らは、きっと目に見えない世界に人の力を超えたものがあると感じているのでしょう。

古代ギリシャの哲学者たちが「神ならば、これを喜ぶだろうか」と問うたように、彼らもまた、直面する課題やその解決策に対して日々何回も何回も「神様、これでよいでしょうか」「これで大丈夫でしょうか」と問いかけているのではと思うのです。

大いなる何かを意識する

大学時代に私がもっとも熱烈に読んだのがアメリカ・ルネサンスを代表する思想家ラルフ・ウォルド・エマソン（一八〇三〜八二）の本でした。英文学の指導教授が京都大学出身のK先生で、ほかのことは淡々と語るのに、なぜかエマソンだけは熱がこもっていました。そう私は感じ、そのせいかエマソンの本を読みまくりました。

著書や説教や数多くの説話のなかで、彼がもっとも大切だとしたのが「自分に降ってくる天からの直感」です。魂が、神や宇宙と直結して自分の心を決めていくこと。森や木や空や宇宙や神と心を直結させた、「超絶主義（トランセンデンタリズム）」を提唱したのです。

「書物は学者が暇なときに読むもの、本当の学者は森や木や空の雲や見えないものと話せ」というエマソンの本の一節には、心底しびれました。

エマソンはまた、「私は神様は信じるが、キリスト教の聖餐《せいさん》式の手順や神父の衣、教会の建物、十字架などは尊敬しない」と書いて大きな反論を呼びました。

つまりこの宇宙を動かし、私たちの生命を生命たらしめている「大いなるたった一つの存在」があり（それが古来神と呼ばれているものであり）、その前では、宗教的な形式や儀式などはとるに足らないものだといっているのです。

そんなエマソンを思想の先達として心酔し尊敬し、名前まで引き継いだのが、アメリカの近代思想家ラルフ・ウォルド・トライン（一八六六～一九五八）です。彼が一八九七年に著した代表作『人生の扉をひらく「万能の鍵」』（吉田利子訳・サンマーク文庫）は、あの自動車王ヘンリー・フォードの愛読書でもありましたが、この本のなかでも、トラインは「大いなる存在」の前ではすべての宗教は一つだ、と語っています。

私はキリスト教徒ですから、つねにイエス・キリストと対話しているのですが、だからといってもちろん、あなたにキリスト教徒になってほしいとか、特定の「宗教」をもつべきだという気はありません。

世界で絶え間なくくり広げられる「宗教戦争」、また宗教団体が引き起こす事件などを考えてもわかるように、宗教にはある意味、人の思考を左右する危うい一面もあります。宗教をもつことと、本当の信仰をもつことは別だともいわれますね。

ですから大いなる存在を意識するとき、自分なりの神様が見つからなければ、前述したように、大きな宇宙を思い浮かべてもよいでしょう。その大いなる存在といつも会話をするのです。迷ったときはもちろん、お金を使うときも、子どもを叱るときも、老親と接するときも、友達や近所の方とつきあうときも、いつも神様と会話をする。「これでよいでしょうか？」「これで大丈夫でしょうか？」とくり返し聞くことを習慣にしませんか。

人生後半を生きる私たちには、直接叱ってくれたり、ほめてくれたりする人がなかなかいませんね。そこに孤独を感じる方もいるかもしれません。しかし自分より偉大な大いなる存在、そして哲学としての「大善《アガトス》」を感じ、つねに会話を続けていると、生きるのがとても楽になります。

私もつねに神様との対話を続けていますが、それは日々の行動への自信にもつながります。神様との対話をもとにした動きは、宇宙の動きと一致しているという実感があり、それはきっと万人にとってよいものであるはずで、天は悪いようにしないだろうという安心感もあるのです。そして、それはまた自分は守られている、一人ではないという心強さももたらしてくれます。

本当の直感かどうか見抜く

迷ったときは直感に従え、とは世間でもよくいわれますね。

直感にはそれまでの経験や膨大な情報も含まれているから、あながちたんなる「感覚的なもの」とはいえない。考えすぎてモタモタしていると時機を逸してしまう。だから理屈や規則にとらわれるのではなく、自分の心に従い行動するべき……というのが直感を重要視する人たちの考えのようです。

私もかつては、相当に直感だけで動いてきました。

たとえば大学三年生のときに、大学生向けの英語の弁論大会をつくったのもその一つ。当時の長野県は本当にのんびりした雰囲気がありました。それにはもちろんよい面もありましたが、若者がのんびりしすぎては国際競争に乗り遅れます。そうならないためにも、（私が教育学部で英語教育を専攻していたこともあり）並の英語ではなく、聴衆の心を打つような英語を話せる若者を増やすべきではないかと考えました。

失礼ながら、ずいぶん生意気だったのです。そして、長野県ではそれまで行われていなかった、大学生の英語弁論大会開催を思いつきました。

「思い立ったが吉日」で、気がつくと当時長野県でいちばん大きかった進学予備校に、弁論大会実施のための資金提供のお願いをしに出向いていました。もちろん私一人で、です。

運よく予備校のトップの方が理解をしてくださり、仲間も協力してくれて弁論大会は実現。信濃毎日新聞などの地元のメディアが取材に来て、世間的にちょっとした話題にもなりました。

この場合などは、直感で動き出したからこそ実現できたといえるでしょう。思いの熱さが冷めないうちに行動したから、その熱が仲間や周囲の大人たちにも伝わったのだと思います。

また、一人娘が小学校二年生のとき、パフォーマンス学を学ぶために単身でニューヨークに渡り、ニューヨーク大学大学院で学んだのも、最初の決定はただただ直感に従っただけでした。勤務医の心臓外科医だった当時の夫は、「主婦が海外留学だって！家事や育児はどうするつもりなのか」と猛反対。理性的に考え詰めたら、そんな状況のなか、まだ小学校低学年の娘を日本に残していくという選択はできなかったでしょう。

しかし「世界で新設のパフォーマンス研究科の初年度に、どうしても、何としても行きたい」という心を優先し、娘は一年間、実家の両親に預けることにしました。娘にさびしい思いをさせることには心が強烈に痛みましたが、この留学で身につけたパフォーマンス学が、その後の私の人生を支えたのです。日本人がニューヨークで二年間の単位を一年でとろうとすることは、綱渡りのように危険でしたが、このとき直感に従ったからこそ、いまの私があるともいえます。

ですから私も直感の大事さは実感しています。

しかし気をつけなければならないのは、直感は間違うことがある点です。自分では正しい直感だと思っていても、たんなる思い込みにすぎない場合もありますし、無意識のうちに親から受け継いだ「親の価値観」の場合もあります。

たとえば私のセミナーの受講生の四〇代の女性は薬学部に行きましたが、数年で薬剤師を辞めて歯科医師の国家資格を取得するなど、これまでかなりの努力をして自分のキャリアを築いてきました。元の仕事やそのためにしてきた努力に執着せずに、見事なほどきっぱりと職を変えました。彼女はそれを「自分の直感に従ってきた」と思っていました。でも彼女は「こうやって生きてきたけれど、いま、どうしようもなく不安なのだ」と相談に来られました。

よく話を聞いてみたら、彼女ががむしゃらに働く背景には歯科医師をしていた親の言葉がありました。彼女は「長年、あなたを苦労して育てたのだから、これからは跡を継いで恩返ししてほしい」と親に何度かいわれたとのこと。

この場合、彼女を動かし続けたのは彼女の直感ではなく、親御さんの言葉でしょう。自分の直感と間違えるほど、いつしか親の言葉が彼女に浸透してしまっていたわけです。彼女が不安になる原因はいくつかあるのでしょうが、「親に恩返ししなければ」というプレッシャーがその一つになっているように感じました。

このように、直感と思っていてもそれは何らかの外圧による直感の場合もあります。また、直感はいくつかの心理的な欲求とも混同されやすい。たとえばAとBの仕事のどちらを選ぶかと問われ、直感でAと決めたと思っていても、それはたんに「Aのほうが儲《もう》かるだろう」という所有欲求や金銭欲求が働いた計算の場合も少なくないのです。

では、どうしたら正しく直感を働かせることができるのでしょうか。

それはここでも「大善」のフィルターを通すことです。直感で導き出した「答え」を、それは万人が喜ぶことか、大いなる善きものかと確かめるのです。あるいは「観照」の力を使う。「それを神様は喜ぶだろうか」と考えるのです。そしてその「審査」に合格したものだけを正しい直感として採用する。そうすれば間違う確率は限りなく低くなるはずです。

志をもって動く

「繁栄（プロスペリティ）をもって平和（ピース）と幸福（ハピネス）を」

「世界中で一番たくさんありがとうを集めよう」

「情報革命で人々を幸せに」

「私たちは、故郷である地球を救うためのビジネスを営む」

「お客様を原点に平和を追求し、人間を尊重し、地域社会に貢献する」

これらはそれぞれ、松下幸之助さんのＰＨＰ研究所、和民、ソフトバンク、パタゴニア、イオンの企業理念です。

たいていの企業には、その企業が何のために存在するのか、何をめざすのかといった「企業理念、目的、ビジョン、パーパス」がありますね。企業の第一の目標は利益を出すことによって、社員と社会の利益を維持することですが、その背景にはこのような理念があり、その会社で働く人たちの行動指針にもなります。

さて、あなたは日々仕事をするとき、どんな志やパーパスをもっているでしょうか。ひょっとすると、仕事をするのはお金のためと割りきった考えをもっているかもしれません。もちろん、生きていくためにも仕事に見合った報酬を受け取ることは大事です。養うべき家族がいればなおさらでしょう。

でも、同じ仕事をするなら志やパーパスをもって取り組んだほうがいいと、私は思います。「一本の道」があったほうがいい。そしてその道をひたすら進んでいきましょう。そのほうが、おもしろいことがたくさん起こるし、まわりの協力も得やすいでしょう。

その一つは、幸運な人との出会い、セレンディピティや新しいチャンスにめぐり合いやすくなることです。

たとえば私のパフォーマンス学のビジョン、パーパスは「自己表現力の向上によりみんなの幸せに貢献すること」です。いまから四五年前の開始当初からATT（明るく、楽しく、自他のためになる）というのが合言葉でした。

いまの仕事を始めた頃の私は、日本人が国際人として必要な影響力を発揮して活躍していくこと、そのための科学的な自己表現力の養成のためにパフォーマンス学が欠かせないという熱意と信念がありました。そして多くのチャンスにめぐり合いました。

たとえば、アサヒビール社長だった樋口廣太郎さんとの出会いです。樋口さんは、当時キリンビールに押されて再起不能とまでいわれたアサヒビールを立て直した社長としてよく知られています。私が樋口さんと出会ったのは、樋口さんがまさにアサヒビールの社長として活躍されているときでした。

当時、私はパフォーマンス学会を設立することを決め、その初代会長はぜひ樋口さんになっていただきたいと考えたのです。といっても、樋口さんとは、一度当時私が連載していた『財界』という雑誌でお会いしただけで、個人的な面識があるわけでも特別なツテがあるわけでもありませんでした。そのうえ過密なスケジュールをこなされている樋口さんに直接お会いできるチャンスはなかなかありませんでした。

ところが一九九一年のある日、長野駅から上野駅へ向かう列車で樋口さんとご一緒できたのです（当時はまだ長野—東京間の新幹線はありませんでした）。それは本当に偶然の出来事でした。

私は生まれて初めて頼まれた金融系の講演、長野県長野市に本店を置く八十二銀行での講演を終え、東京へ帰るため長野駅のホームにいたのです。するとそこで、たまたま親しいアサヒ飲料の中條《なかじょう》高徳《たかのり》会長にバッタリ会いました。

出発までまだ相当な時間があります。聞けば、彼も仕事で長野に来ていて、数時間前まで樋口さんと同じ場所にいたというのです。このとき「このまま駅で待っていれば、きっと樋口さんにお会いできる！」という直感が働きました。直感だけで何の根拠もありません。

でも自分の直感を信じ、しばらくホームをウロウロしていました。すると本当に樋口さんが現れたのです。

これは絶好のチャンスとばかりに、樋口さんのもとに駆け寄り、乗車する号車を聞き出しました。隣の席に座ってもよいかどうかを尋ねると、「かまわないよ」とおっしゃるので、しっかり隣に座り込みました。そして列車内では、パフォーマンス学とはどういうものか、いまの日本人にとってパフォーマンス学がどれほど必要か、またその研究を深めるためには学会設立が不可欠であること、その学会の初代会長をぜひ樋口さんにやっていただきたい旨をひたすら語り続けたのです。

私はあまりにヒートアップし、樋口さんは途中で「もう、君はまったくうるさいな。会長なんてやらないよ」といってガーッと寝てしまいました。

それでもあきらめきれない私は、「樋口さんが起きたら、次はどう説得しよう？」と考えていたのです。ところが列車が上野駅に着くまで樋口さんは眠りっぱなし。列車がホームに着くと、樋口さんは席を立って出口に向かってどんどん歩いていきました。ホームには、樋口さんを迎えに来た秘書の方など、男性が数人待っていました。

そして樋口さんがその男性たちに向かっていったのです。

「この佐藤さんっていう人は、もう本当にうるさいんだよ。パフォーマンス学会、パフォーマンス学会って。どうして僕が会長をやらないといけないんだね？　わけがわからないよ。しょうがないから、やるけどね」

「え？」と一瞬耳を疑いました。本当に驚きましたが、呆気《あっけ》にとられている場合ではありません。

「いま、やっていただけるとおっしゃいましたね！　ありがとうございます」

しつこいほどに確認しお礼をいって、後日正式にお会いするアポイントをとりつけ、結局、無事に樋口さんに会長をお願いすることができたのです。

サンマーク出版 ロング・ベストセラー

ご希望の本がお近くの書店にない場合は、小社までご注文ください。（送料別途）

ご注文はインターネットでも承ります　https://www.sunmark.co.jp

〒169-0074 東京都新宿区北新宿 2-21-1
tel.03-5348-7800　fax.03-5348-7801

ChatGPTvs. 未来のない仕事をする人たち

堀江貴文 著

堀江貴文×4人のトップランナーが ChatGPT と人類の未来を予測する。会社員の仕事のほとんどがなくなる時代。5年後のあなたの居場所をつくるために。私たちの未来の働き方！

定価＝1760円（10%税込）978-4-7631-4089-0

居場所。

大﨑 洋 著

ダウンタウンの才能を信じ抜いた吉本興業のトップが初めて明かす、男たちの「孤独」と「絆」の舞台裏！

定価＝1650円（10%税込）978-4-7631-3998-6

新版 科学がつきとめた「運のいい人」

中野信子 著

運は100%自分次第!「運がずっといい人」には科学的根拠があります!日本再注目の脳科学者がつきとめた運のいい人だけがやっている思考と行動。強運は行動習慣の結果です!

定価＝1650円（10%税込）978-4-7631-4080-7

生き方

稲盛和夫 著

大きな夢をかなえ、たしかな人生を歩むために一番大切なのは、人間として正しい生き方をすること。二つの世界的大企業・京セラとKDDIを創業した当代随一の経営者がすべての人に贈る、渾身の人生哲学!

定価＝1870円（10%税込）978-4-7631-9543-2

100年ひざ

巽 一郎 著

世界が注目するひざのスーパードクターが教えるひざが手術なしで元気になる3つの方法。すり減った軟骨は「1分足ほうり」で甦る!「100年足腰」で10万部突破!の著者のひざに特化した最新刊!

定価＝1540円（10%税込）978-4-7631-4066-1

子ストアほかで購読できます。

一生頭がよくなり続ける すごい脳の使い方

加藤俊徳 著

学び直したい大人必読！大人には大人にあった勉強法がある。脳科学に基づく大人の脳の使い方を紹介。一生頭がよくなり続けるすごい脳が手に入ります！

定価＝1540円（10%税込）978-4-7631-3984-9

やさしさを忘れぬうちに

川口俊和 著

過去に戻れる不思議な喫茶店フニクリフニクラで起こった心温まる四つの奇跡。
ハリウッド映像化！世界320万部ベストセラーの『コーヒーが冷めないうちに』シリーズ第5巻。

定価＝1540円（10%税込）978-4-7631-4039-5

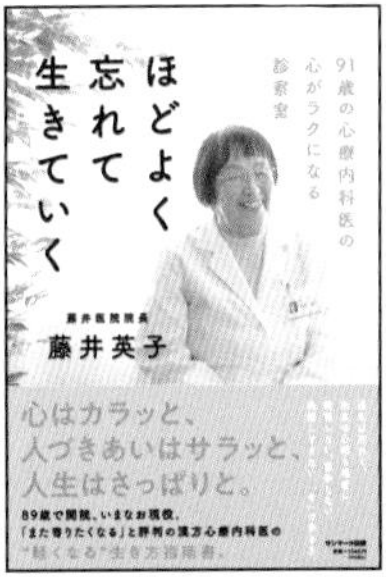

ほどよく忘れて生きていく

藤井英子 著

91歳の現役心療内科医の「言葉のやさしさに癒された」と大評判！
いやなこと、執着、こだわり、誰かへの期待、後悔、過去の栄光…。「忘れる」ことは、「若返る」こと。
心と体をスッと軽くする人生１００年時代のさっぱり生き方作法。

定価＝1540円（10%税込）978-4-7631-4035-7

電子版はサンマーク出版直営

1年で億り人になる

戸塚真由子 著

今一番売れてる「資産作り」の本!
『億り人』とは、投資活動によって、1億円超えの資産を築いた人のこと。
お金の悩みは今年で完全卒業です。
大好評10万部突破!!

定価= 1650 円(10%税込) 978-4-7631-4006-7

ぺんたと小春《こはる》の めんどいまちがいさがし

ペンギン飛行機製作所 製作

やってもやっても終わらない!
最強のヒマつぶし BOOK。
集中力、観察力が身につく、ムズたのしいまちがいさがしにチャレンジ!

定価= 1210 円(10%税込) 978-4-7631-3859-0

ゆすってごらん りんごの木

ニコ・シュテルンバウム 著　中村智子 訳

本をふって、まわして、こすって、息ふきかけて…。子どもといっしょに楽しめる「参加型絵本」の決定版!ドイツの超ロング&ベストセラー絵本、日本上陸!

定価= 1210 円(10%税込) 978-4-7631-3900-9

チャンスは信念の先にある

このようなチャンスに恵まれたのは、私が「とにかくパフォーマンス学を経済界や政界を巻き込んで日本に広めたい」という「志」をもち続けていたからでしょう。

そもそも私は、チャンスというのは志が向かう時間の「タテの線」と周囲で起きる出来事の経過である「ヨコの線」が交わるところにあると考えています。

たとえば、紙に上向きの矢印がついたタテの線を書いてみてください。矢印はあなたが向かう方向、上が未来で下が過去です。この「タテ線」は、自分が行く道です。

この時間軸のなかで人はさまざまな出会いをするわけですが、出会う人々を「ヨコの線」としてイメージしてみます。タテの線を行く自分の道に、さまざまな人が行き交うわけです。

そしてタテとヨコの線が交わるところが「人との出会い」なのですが、このとき、自分の志に共鳴する人と出会ったときが「好機、セレンディピティ、チャンス」になると思うのです。たとえ誰かと出会ったとしても、自分の志や願望への共鳴がなければそれはたんにたまたま会っただけ、あるいはすれ違っただけにすぎないともいえるでしょう。次の何かにつながる、新しい何かや高次の自分が生まれるような出会いとはならないのです。

一貫した大善の信念をもち続けていると、それだけよいチャンスにめぐり合いやすくなる、と私は信じています。

たとえば我が家の近所の道路沿いに、店舗は小さいけれどこだわりをもって開店したコーヒー店があります。最寄り駅から我が家に来る途中にあるお店なので、電車を使って我が家に来る方は、たいていこの店の前を通ります。しかし不思議なことに、この店の存在に気づく人と気づかない人がいるのです。気づくのは、たいていコーヒー好きな人。ある人が「近所においしそうなコーヒー店があるんですね」というと、同じ道を通って来たはずの人が「え？　コーヒー店なんてありました？」と驚くことがしょっちゅうあるのです。

コーヒー好きの人は、無意識のうちにいつもおいしいコーヒーを求めているのでしょう。だからコーヒー店の存在にすぐ気づく。しかし、紅茶好き、緑茶好きな人は気づかないでしょう。だから、自分に何の好みもなく、ボーッと歩いていたら、おいしいコーヒー店や好みの店にめぐり合うチャンスは減ってしまいます。犬好きは犬連れで散歩している人に声をかけ、猫好きは猫の話に耳をそばだてて友達になりますね。

このように、何事も一貫した目的や志をもつことで、チャンスに恵まれやすくなるのではないでしょうか。

「Take the Chance by the forelock the Chance.」という言葉があります。日本語に

すると「チャンスは前髪でつかめ」。

Cが大文字の the Chance（チャンスの神様）は、ギリシャ神話のカイロスという時の神様の名前からきています。この神様は前髪しかなく、後頭部はたぶん禿《は》げていたのでしょう。つまりチャンスの神様に出会ったとき、おちおちしているとその好機を生かせない。すれ違ったあとに「あ、チャンスの神様だ」と気づいても、もう後ろ側の髪はないから、時すでに遅しなのです。

一貫した志をもち続けている人は、チャンスの神様の到来を五感のどこかで感じられるのでしょう。「自分はこうしたい」「自分はここをめざしている」といった信念をつねにもち続けているので、アンテナや嗅覚が働くわけですね。

長野駅で「樋口さんに会えるかもしれない」という直感が働いたのも、きっとこの一種です。

我が家の近所にあるコーヒー店の存在に気づく人も同じで、たいてい「最初にコーヒーのよい香りがしてきたんです」といいます。思い続けている人は、「チャンス」が目の前に現れるより先に、その出会いを察知できるのです。

つまり一貫した信念をもち続けていると、チャンスの到来に気づきやすくなるということです。信念をもっているほうが、人生はおもしろくなりそうだとあなたも思いませんか？

志が応援を引き寄せる

志をもち続けていると、応援してくれる人が現れる――。これも志をもち続けることのよさの一つです。

ニューヨークで学んだパフォーマンス学を日本にもち帰り、「何としてもこのパフォーマンス学を日本で広めよう」と躍起になっていた頃、当時の青春出版社の小澤和一社長にずいぶん助けられたことはすでに書きました。私が自分の会社を新しく設立するにあたって、オフィスのスペース、コピー機、電話などの機器類をすべて無料で貸してくださったのですが、実はこれには後日談があるのです。

小澤社長が六〇代という若さで亡くなったときのことです。会社の経営者がご子息にかわりました。そうなると会社の経営方針も変わります。すると会社の上層部から、私にオフィスのスペースや機器類をすべて無料で提供しているのはおかしいという意見が出たようです。突然、会社側から「出ていってほしい」といわれたのです。

無料ですべてをお借りし、会社にお世話になってきたのは事実。でも雑誌『SAY』のことなど、いろいろ協力もしました。いろいろと胸の内で思いつつ、瞬間的に口から飛び出したのは「わかりました。明日出ていきます」という言葉でした。

とはいったものの、そのオフィスを借り始めてから丸三年たっていたため、オフィスには膨大な量の資料や重要書類などが置かれていました。とても自宅に持ち帰れるような量ではありません。新しいオフィスの場所を探そうにも、当時の私の収入は限られていて、たぶん毎月三〇万円ぐらいかと思われるオフィスの賃料を支払う余裕はありませんでした。

途方に暮れたまま、その夜、当時メンバーとして定期的に通っていた帝国警備保障

（現テイケイ株式会社）の高花豊社長を囲む経済の勉強会に参加しました。いつも活発に発言する私があまりにしょぼくれていたため、高花社長は不思議に思ったのでしょう。「何かあったの？」と声をかけてくれました。

このような事情でオフィスを出なければいけなくなったと話すと、「なんだ、そんなことか。うちの会社のビルがワンフロア空いているから、そこを使えばいい」とあっさりいってくださったのです。

しかしそのビルは新宿御苑近くにあり、まさに一等地の物件です。とても賃貸料を支払える自信がありませんでした。

「すごくありがたいのですが、たぶんいまの私には賃料を払えないと思います」というと、「何をいってるんだ。この国のために、みんなの自己表現力をつけようと一人で必死に戦っている女性から、いったい誰が金をとれるんだ。そんなことをするのは真の男じゃない」ときっぱりいわれました。

けっきょく、それから三年間、私はまた無料で新宿御苑近くの一等地にあった「テイケイビル」のオフィスを借り続けることができたのです。

この間、私の会社の経営も徐々に軌道に乗り始めました。そうなると、タダで居座らせていただくのがだんだん申し訳なくなってきます。

「そろそろ賃料を払わせてください」と高花社長にいうと、「いくらなら払える？」と聞いてきます。相場もわからないまま「一〇万円」と答えると、即「いらん」と返事が返ってきました。

そして、またしばらく無料のままお借りし続け、翌年再び「そろそろ賃料を払わせてください」というと、「いくらなら払える？」と高花社長。「二〇万円です」と答えると、また即「いらん」という返事が返ってきました。

三度目、私は「三〇万円お支払いできます」といいました。するとこのとき初めて、高花社長は一言「わかった」とだけいったのです。

そして三〇万円の賃料を三度お支払いしたあとでしょうか、「毎月これだけ払えるのなら、ここを出て自分でビルを建てたほうがいい」とアドバイスをしてくださいました。

現在オフィス兼自宅となっている小ビル『優&愛』を建てる決心ができたのは、この高花社長の言葉があったからでもあるのです。

高花社長が力を貸してくださったのは、ひとえに彼の偉大さのおかげですが、「日本人のためにパフォーマンス学を広めたい」という志が通じたことも確かでした。同じ時期に、オリンピック出場レベルのあるスポーツ選手が、やはり高花社長のビルの一室を無料で借りていましたが、数カ月でそのオフィスを去っていきました。「ここを出て、ほかを探しなさい」といわれたとのこと。そういう意味では、高花社長は人に対して「利己で生きているか、利他で生きているか」という厳しい目をもっていた方なのだろうと思います。

この経験から、私は誰かのためになる志をもち続けていると、応援してくれる人が現れるのだということを学びました。

高花社長はその後、社長の座を部下に譲り、現在は社会での青少年育成に尽力されていると仲間から聞きました。「これで表舞台から去って、ある場所で山を一つ買って、青少年の更生に残りの人生をかける」と、ごくわずかの人にいっただけでした。少年院を出た少年・青年たちの更生のために尽力しているそうです。私は今度は、あのとき高花社長から受けた恩を、さまざまな形で誰かに返し続けたいと思っています。

ベッドに不安をもち込まない

悩みや心配事があって夜眠れない、という話はよく聞きますね。仕事のこと、お金のこと、家族のことなどを考えると不安で寝られなくなってしまう、と。心のなかが心配や不安で埋め尽くされていたら、直感力もにぶってしまいます。

実は最近の私は、そのようなことはほとんどありません。もちろん、毎日些細《ささい》な問題はたくさん起きますが、それが原因で不眠になるまでにはいかないのです。

それはきっと、私の寝室の壁にかけられている、友人が作ってくれたトールペイントのボードのおかげでしょう。とくに、私は多忙すぎて睡眠時間五～六時間のショートスリーパーであるという条件のせいもあるかもしれませんが……。
そのボードには次の英語が書かれています。

Before you go to bed, give your troubles to God. He will be up all night anyway.

（あなたが休む前にすべての煩いを神様に預けなさい。とにかく彼は眠らずに見ていてくれるから）

これはもともと聖書にある、神様は「まどろむこともなく、眠ることもない」（詩篇一二一章四節）からきています。

少々心配事や悩み、不安があっても、この言葉を目にすると、あぁ、私があれこれと心を煩わしても仕方ない、ここは一晩中起きていてくださる神様におまかせして、私はゆっくり休もうと思えるのです。どっちみち絶対時間が足りませんから、なおさらに。

そうして十分に眠り朝になると、実は大した悩みでなかったとわかったり、解決の糸口がポッと見えてきたりします。

そもそも私たちは、ベッドの中であれこれと自分だけで考えても、よい知恵は出ないことを経験ずみですね。だったらここは神様にゆだねてしまいませんか。

「神様、お願いしますね」といって、とにかく寝てしまう。きっと朝には気分が変わっているはずですし、寝ることで心配事に対処するエネルギーも湧いてくるでしょう。

まず心を決めること

聖書には、「求めなさい。そうすれば与えられます」（新約聖書「マタイの福音書」七章七節）という言葉があります。これは「神様に祈り求めれば、神様は応援くださる」という意味ですが、「自ら進んで行動しなければ、成果は得られない」とも解釈できますね。

私のこれまでの人生には、この聖書の言葉を実感するような場面が何度もありました。先述したように、現在のオフィス兼自宅で、パフォーマンス学のベースキャンプである『優&愛』を建てるときもそうでした。当時の私は分譲マンションを持っていただけで、土地を所有していたわけでも、十分な資金があったわけでもありません。
ふつうの一軒家すら自分で「建てた」ことはありませんでした。それでも、まずは「建てる」と決めてしまった。前述したように、知り合って五カ月目の、しかし私が深く信頼を寄せていた教会の啓子先生に「みんなが集まれるような家を建てます」と宣言してしてしまったのです。しかしまずは決めたことで、不動産会社への相談、土地の選定、資金の調達など、現実的な動きが進んでいきました。

その過程では、まるで天啓のように直感に導かれる場面が何度もありました。『優&愛』を建てる土地を見に行ったときには、京王線桜上水駅直近のその土地がなぜか光って見えたのです。

まず、心で先に決めてしまう……。何かを成そうとするとき、これはいつでもあてはまる法則です。何かをやるには、まず心を決めること。逆にいえば、心に「善きこと」「誰かに貢献したいということ」を決めないことには、何も始まらないのです。
できそうか、できなさそうか、準備は整っているかなどの心配はいったん脇に置いておき、とにかくまわりの人々や日本中、世界中の役に立つことを生涯やろう、と心を決めるとスッキリします。世の中ではこれを「志」と呼んでいますね。

振り返ってみれば、小学校二年生の娘を日本に置いて単身でアメリカ留学を果たしたときも、二〇年間の結婚生活に終止符を打ち、離婚したときも、また五四歳で論文を書き、四年がかりの博士号を取得したときも、いつも決めることから始まっていました。ですから「まずは決めること」の重要性を深く実感しているのです。

最終的には「腹を決める」までいくわけですが、最初は単純に「〜する」と決めればいいのです。ただし「いつか〜したい」「いつか〜ができたらいい」という曖昧な願望ではなく、「〜する」と自分の未来を決心し、断言してしまうことが大切だと思います。パフォーマンス学ではこれを、「自他へのアナウンス効果」といいます。

既述した哲学者のセネカは、次のことも記しています。

ある日時間ができたら世界中を旅したいものだなどと言っている人間が、まもなく死ぬという数日前に、それはやっていなかったと気づく。愚かな者どもよ。

（『幸福な生活について』山敷繁次郎訳・大学書林語学文庫）

亡くなる数日前に自分の人生を後悔する……。そんな切ない思いは誰だってしたくないものですね。

そのような後悔をしないためにも、まず心で決めてしまうことが大事です。

第4章

「与える」と豊かになる

笑顔は人の笑顔を引き出す

誰かに何かをプレゼントしたいと思ったら、まずは何を贈ろうかと考えますね。相手はどんなものが好きかしら？　何を喜ぶかしら？　などと相手に思いをめぐらせ、これにしようと決めたらお店に買いにいったり、ネットで注文するなどします。こうして時間やお金を使うからこそあたたかい贈り物になるともいえるのですが、たとえ時間やお金がなくても、いつでも誰でも、ほかの人にあげられるものがあります。

それは笑顔。たとえばそばで小さな子どもがケラケラと笑っている、おじいちゃんとおばあちゃんが笑って何かを話している、お店の店員さんが笑顔でお客さんと接している……。

たとえ見ず知らずの人でも笑顔の人を見るのは気持ちがよいものですね。笑顔には、笑っている本人も、そして周囲もしあわせにする力があります。

それを私が最初に実感したのは、小学四年生のときでした。

「何か一つでいいから、ほかの人にはない力をもつのが大事なんだ。かけっこでもそろばんでも何でもいいぞ。自分にはこんな力があるというものを書いてごらん」

ある日の国語の授業で、担任であった市川先生がこういいました。

さて、困りました。学年のなかでもいちばんのチビで、体も弱くて学校を休みがちだった私には、自分だけがもつ力など何一つなかったのです。まわりのクラスメイトたちは、サラサラと鉛筆を走らせています。私はただ鉛筆を持っているだけで時間だけがどんどん過ぎていき、もう半ベソ状態です。すると市川先生がそばにやってきていったのです。

「綾子、おまえは体が弱いせいか、ちっともニコニコしないな。ニコニコするだけでも人に好かれるぞ」
人によっては傷つく言葉かもしれませんね。でも私は大好きな市川先生のこの言葉ですっかり開眼してしまったのです。以来、とにかくニコニコすることを心がけました。すると友人関係も良好になり、小学六年生の学芸会のときには主役のシンデレラに抜擢《ばってき》されました。自分にどんどん自信をもてるようになったのです。

このように、笑顔になることは、その人本人の気持ちを変えていきます。そしてまた、笑顔はそれを見る人にも影響を与えます。

私たちは相手の表情や仕草を見て相手の気持ちを理解することがありますが、この元となっているといわれるのが、ミラーニューロンという神経細胞です。ミラーニューロンは自分が運動したときに反応する神経細胞なのですが、ほかの人の顔の表情を見た瞬間に、まったく同じように自分も反応することが脳研究で報告されています。

つまり、相手がニコニコしている顔を見ると、自分も笑顔になるわけですね。表情の変化も、感情によって私たちの表情筋が動く運動ですから、たとえば笑顔でいると、それを見た人にも笑顔が反射して、うれしい気持ちが伝わる。もし周囲に多くの人がいれば、その笑顔はまるでさざなみのようにどんどん伝播《でんぱ》していくのです。

最近、私が力を入れている仕事の一つに、中高年の方々のための表情筋トレーニングがあります。

子どもは笑ったり、泣いたり、怒ったり、変顔をしたりと表情豊かですが、多くの人は大人になるにつれ、その豊かさが消えていきます。「箸《はし》が転んでもおかしいんだね」なんて、私も昔はよくいわれました。ことわざはうまいことをいうものです。

「五歳児は一時間に七・七回笑うが、平均的な大人は一日でたった一八回」という研究論文もアメリカで出ました。一日あたりで比べると、五歳児は約一〇倍です。

表情が乏しいということは、それだけ感情変化も少ないと主張する記述もあります。そこで腹式呼吸と舌筋、表情筋をセットにして鍛える「かめあす体操」と名づけた表情筋トレーニングをこの二年間、大人対象にやっているわけです。運動をして、心も表情も豊かにするというトレーニングです。

たとえば、平均年齢八〇歳の一五人のグループでも、トレーニングの回数を重ねるごとに、参加者の方たちの表情は豊かになり、笑顔も笑いも増えました。笑顔になることで気持ちも前向きになります。さらに参加者を支える家族や介護スタッフの方なども明るくなり、周囲の笑顔がどんどん増えているのです。

この成果にびっくりしたのは、講師で七〇代後半の私です。あまりにも思ったとおり、実験でいえば「仮説は証明された」と呼べる結果でした。「年寄りは笑わないとは、失礼な！」と気を悪くして、世界中の笑顔と健康に関する文献を集めて、一〇年前から研究していたテーマです。増加したのは、表情筋の動く秒数だけではありません。血中酸素濃度、話をするときのワード数や、生きる意欲も上がったのです。

そしてすべてのトレーニングが終了する頃には、その場に笑顔の花が咲き乱れ、「先生、ありがとうございました！」という言葉があふれたのです。

コロナ禍で「三密」を回避しなければならなかったとき、私もよくオンライン会議をやりました。定期的に開いていた勉強会をオンラインで実施したこともありました。

そのとき、「生徒さんには、やはり実際にお会いしたほうが何倍もこちらの伝えたいことが伝わるな」と感じたものでしたが、オンライン開催ならではの長所もありました。それは画面に表情がズームアップされているため、私がカメラに笑顔を向けると、その表情がダイレクトに生徒さんたちの視覚に飛び込むのです。すると画面に映る複数の生徒さんたちの表情が次々と笑顔になっていく。パソコンの画面いっぱいに笑顔の花が咲くのです。

勉強会後にとったアンケートでは「綾子先生の笑顔を見ているだけで元気になる」というお言葉をもらいましたが、それは私も同じで、生徒さんたちの笑顔からたくさんの元気をいただいたのです。

こう考えると、人の笑顔というのはすごく力がありますね。そして意識すれば誰にでもすぐに、簡単にできます。ぜひいますぐ笑顔になってみてください。

ちなみに、のちほどご紹介しますが仏教の教えにも「和顔悦色施《わがんえつじきせ》」という布施のことが出てきます。やさしい言葉と笑顔が布施《ふせ》になる、という教えです。

にもかかわらず笑っていく

そうはいっても、苦労やつらさもあって笑ってばかりもいられない、と思う方もいるかもしれません。

その気持ちもわかります。こんな私もつらい状況に陥るときがあります。しかしそんなとき、私は次の言葉を思い出します。

「にもかかわらず笑う」……。

これは、上智大学名誉教授でカトリック司祭であった、ドイツ人のアルフォンス・

デーケン先生（一九三二〜二〇二〇）の言葉です。デーケン先生は七〇年代から上智大学で「死の哲学」「人間学」などを担当、日本における「死への準備教育」を提唱し、日本に死生学を広めたことでも知られます。

デーケン先生は、お祖父様が反ナチの人なのに、間違えて連合軍に殺されたというつらい体験をおもちです。大学院の授業で二度だけ話をしましたが、そんな悲劇のことはおくびにも出しませんでした。

デーケン先生は、家族など大事な人を失った人の喪失の悲嘆を癒すための「グリーフセラピー」も行っていました。実は私も母が亡くなったあとの一時期、四谷の雙葉学園まで何度も通って参加させてもらいました。そこには「大切な人を失いました」「もう私の人生はダメかもしれません」「生きていることもイヤです」「自殺も三回試みました」というような深刻な状況の方もたくさんいらっしゃって、当時の私もそのなかの一人でした。

このグリーフセラピーの折々で、デーケン先生がおっしゃっていたのが「にもかかわらず笑う」です。

デーケンさんの祖国ドイツには、「ユーモアとは、つらいことがあっても笑うこと」という表現があるのだそうです。ここは私の曖昧な記憶より、デーケン先生のお言葉を引用したほうがよいでしょう。先生は、あるインタビューで、ユーモアについて次のように語っています。

「ユーモアは愛と思いやりの表れです」「思いやりに満ちたユーモアは、どんな環境でも和やかな雰囲気を作り出すことができます」「ユーモアは生まれつきの才能だと思っている人が多いですが、本当のユーモアは人生の中で苦しいときに生まれるものです。ドイツ語には『Humor ist, wenn man trotzdem lacht.（ユーモアとは、にもかかわらず笑うこと）』という有名な表現があります。つまり、自分が苦しんでいるのにもかかわらず、相手に対する思いやりとして笑いを示すということです。これが真に深みのあるユーモアだと思います。」（『保健指導リソースガイド』二〇一三年一一月二五日）

後日、ある方のお祝い会で隣席がデーケン先生でした。「先生、あのユーモアのことを『にもかかわらずの笑い』といっていいですか？」とお聞きしたところ、先生が「サトウさん、それは最高だ」といってくださいました。以後「にもかかわらずの笑い」と、私もお伝えしています。

苦しくつらいときでも、ふとした言葉や笑顔やユーモアに癒されますね。あなたや私へのお互いへのプレゼントです。実際、デーケンさんはグリーフセラピーでも、よくユーモアをおっしゃって、参加者の私たちはよく笑っていました。たとえば「日本の寿命は世界一。日本人の男性はドイツ男性より長く生きられる。だから私は日本に来ました。賢い選択ですね（笑）」などというように。

実は私も、あの人生最悪だった二〇〇一年の春を過ぎて初夏の、まだ完全復帰していないある日、世田谷区桜上水の駅からのゆるい登り坂の道を歩いているとき、まさにこれを体験しました。

アスファルトの道路のほんの割れ目のような部分に、土か埃《ほこり》かわからないようなところにクローバーがちょこんと咲いていました。車道の真ん中です。下を見て歩いていてふと目がとまって、「君はこんなところに咲いちゃって偉いね」とつぶやきました。そしてふっと笑いがこみ上げました。何だかすごく幸せになって……。

つらいときに笑ったり笑わせたりなんて、実に大変。でも、たしかに効果は明快です。「にもかかわらず笑う」ことを忘れないで。そうすると必ず、自分自身と周囲の人の未来が少しずつ明るくなっていきます。

実は、このクローバーの話を当時連載中だった『日経ウーマン』に書いたところ、「わかります。私もそんなことがありました」「共感して泣きながら読みました」などと、たくさんのお便りが来て麓《ふもと》編集長と私は逆に元気をもらい、感謝しました。「にもかかわらずの小さな笑い」、素敵ですね。

してあげることはいくらでもある

時間やお金がなくてもほかの人にあげられるものは、笑顔のほかにもまだあります。仏教に「無財《むざい》の七施《しちせ》」という教えがあります。仏教では布施を施すことがもっとも大切な仏道修行とされていますが、お釈迦《しやか》様は「財力や智慧《ちえ》がなくてもできる施しがある」として次の七つを挙げています。

①眼施《げんせ》……優しい眼差しで人に接すること
②和顔悦色施《わがんえつじきせ》……にこやかな、おだやかな顔で人に接すること

③言辞施《ごんじせ》……優しい言葉を使うこと
④身施《しんせ》……自分の身をもってできることをする
⑤心施《しんせ》……自分以外の人やものに心を配ること
⑥床座施《しょうざせ》……席（電車やバスの席のほか、地位なども）や場所をほかの人に譲ること
⑦房舎施《ぼうじゃせ》……急な雨が降ってきたときなどに軒下を貸してあげるなど、自分の家を提供すること

私はキリスト教徒ですが、この七つは、宗教を超えて誰もが実践するべきことだと思うのです。とくに②の「和顔悦色施」は、まさにパフォーマンス学のモットーでもあります。

「ほかの人のために何かできるだろうか？」「私にはできることが何もなさそう」などと頭で考える前に、まずは自分でできることをやってみませんか。

たとえば我が家のご近所の方の一人に、毎朝、自宅前の道路をきれいに掃いている

方がいます。駅からごく近いのに、我が家の近所は樹木が豊かに生い茂っていて、道路には落ち葉もたくさんたまります。それを毎朝きれいに掃いているのです。

結果的に落ち葉が我が家のほうに飛んでくることもなく、私はとても助かっているのです。彼の行動も立派な「身施」でしょう。お礼を言ったら、「ついでですから」と笑顔の返事が返ってきました。

またつい先日、京王線の電車のつり革につかまって立って乗っていると、私のすぐ横に立っていた若い女性の顔が真っ青になっていることに気づきました。季節は夏の盛りで、冷房は効いているものの車内はほぼ満員です。

いまにも倒れそうな彼女はきっと貧血だと思い、私はとっさにちょっとお辞儀をして「すみません！　具合の悪い方がいるから少し空間をあけてください」と自分でも驚くほどの大声で周囲に向かっていいました。

すると、みなさんがサッとどいてくれ、目の前に座っていた人が立ち上がり、彼女に席を譲ってくれたのです。座ると同時に彼女はすうっと座席の背に寄りかかって目を閉じてしまいました。電車は間もなく新宿駅に着くところでした。顔を近づけて「我慢できる?」と聞くと、「できます」と彼女。

ホームに着き、彼女を支えながら電車を降りると、彼女はまたヘナヘナと座り込んでしまいました。すると近くにいた若者が「駅員に知らせてきます!」といって走っていってくれました。彼女のそばについていると、すぐに駅員の方が来てくれ、「ここからは大丈夫です」といってくれたので、私はその場を立ち去ったのです。

こうして書くと、私が貧血の女性のためにいろいろやってあげたように思うかもしれませんが、私がやったのは実は周囲への声かけと、彼女によりそったことだけです。私の体力では、相手が若い女性とはいえ、もし倒れてしまったらとても支えきれません。そこでとっさに協力の声かけをしたのです。それによって周囲の人が彼女の体調悪化に気づき、すすんで席を譲ってくれたり、駅員を呼びに行ってくれるなどしました。

つまり私がやったのは、私ができることだけ。でもこれもささやかな「身施」のサンプルといえるでしょう。そして自分ができることをまずやれば、こうして事が動いていく。ですから、「できることをまずやる」のが大事ですね。

「自分の課題」を精いっぱいやる

ここまで、ほかの人に何をあげられるか、ほかの人に何かをしてあげるにはどうすればよいかを考えてきました。

「これからはこうしよう」「こうしたい」などの思いがめぐっているかもしれませんが、このとき忘れないでほしいのが「課題の分離」の考え方です。

「課題の分離」とは、ドイツ生まれのアメリカ人心理学者アルフレッド・アドラーが提唱した「自分と相手との課題を明確に切り分け、相手の課題には踏み込まない、また自分の課題にはむやみに相手を踏み込ませない」という考えです。

アドラーの考えでは、相手の課題に踏み込んだり、自分の課題に踏み込まれたとき人間関係の問題が起きるのだといいます。

たとえば「無財の七施」の一つを実践しようと、ある朝、職場の同僚に向かって笑顔で「おはようございます」といったとしましょう。

たいていの人は、そうされたらやはり笑顔で返してくれるでしょう。しかしなかには、ブスッとした顔で何も答えない人もいるかもしれません。

こんなとき、私だって反射的に「何よ、あの人」と感じます。しかしよく考えたら、挨拶をされてどう反応するかは相手が決めること。つまり相手の課題です。ですから、「こちらは笑顔で挨拶をしているのだから、向こうも挨拶を返すべきだ」といったり思ったりするのは、相手の課題に足を踏み入れていることになります。

あるいは誰かにプレゼントを贈ったとき、相手が喜ぶか喜ばないか、またお礼の品を返してくれるかくれないかなどはすべて相手の課題。「あなたはいつももらってばかりね」「たまにはお返しをするべきよ」と思ったり、「たまに私もほしいな～」などというのは、課題のとり違いです。

つまり、私たちにできるのは「自分の課題」のみ。ならば自分の課題を一生懸命やりましょう。人の課題にまで文句をつけているのは、コスパが悪い。心のエネルギーの無駄遣いです。

私がまだ結婚していた頃、小学校二年生の娘を実家に預け、日本にはまだなかったパフォーマンス学を修得するために単身ニューヨークに飛び、ニューヨーク大学大学院で一年間を過ごしたことはすでに書きました。

このとき、夫の大反対を押しきってニューヨークにやってきた私は、何とか夫に許してもらおうと、五日に一度は夫に手紙を出し、授業の様子などを伝えました。当時はメールなどなく、高い国際電話をかけるわけにもいかず、ひたすら手紙を書いたのです。その数は一年間で約七〇通になりました。

夫から初めて返事が来たのは半年後。電報スタイルの短い返事に書かれていたのは、次の一文でした。

「金魚が二匹死んだ。三匹目を何とか生かしておくぞ」

これは夫と二人で行った縁日で買った三匹の金魚のこと。夫なりの私への応援の表現なのだと解釈し、涙が出てきたのを覚えています。

このときは、たまたま夫が返事を送ってくれました。

でももし返事が来なかったらどうでしょう？

「こっちはこんなに何通も手紙を書いているのに、いくら怒っているにしても、一度くらい返事をくれてもいいじゃないの」「返事もないのは、器が小さい証拠でしょう」と、数日間私はつぶやいていました。こちらは夜中まで大学の図書館で勉強しながらやっと書いたのですから。

でも二〇〇一年以降、私の考え方が相当変わりました。返事を書くかどうかは相手の課題です。私の課題は、（たとえ返事がなくても）ひたすらこちらの様子を伝え続けることのみ。それを一生懸命やり、「私にできるのはここまで。それを精いっぱいやったのだからＯＫ！」と思えばいいのです。

この「課題の分離」の考え方は、人生のあらゆる局面で思い出したいものです。
アメリカの神学者ラインホルド・ニーバー（一八九二〜一九七二）の次の詩をご存知でしょうか。

God,
grant me the serenity
to accept the things I cannot change,
the courage to change the things I can,
and the wisdom to know the difference.

主よ、変えられないものを
受け入れる心の静けさと、
変えられるものを変える勇気と、

その両者を見分ける英知を与え給え。

（訳は渡辺和子著『目に見えないけれど大切なもの』ＰＨＰ研究所より）

「平静の祈り」として有名な詩で、私の書斎の机の前にも、この詩が書かれたもう黄色くなった紙が貼ってあり、私が迷ったときの祈りの詩になっています。「課題の分離」をふと忘れそうになったとき、この詩を思い出してもよいかもしれません。

前述の日野原先生が訳された『平静の心』（医学書院）という本があります。先生の恩師であった医師、ウィリアム・オスラー博士の講演集『Aequanimitas』の訳本で、六〇〇ページを超える大著です。オスラー博士がいう「平静の心」というのも、この見分ける英知「平静」のことを意味しています。

気持ちの切り替えスイッチをもつ

「ここからは相手の課題。自分が何かをできる自分の課題はここまで」と自分にいい聞かせても、どこかモヤモヤした気持ちが残ることがあるかもしれません。そんなとき、「平静の祈り」を一度つぶやきますが、さらに気持ちを切り替えるには、車の運転とお風呂の中では、いつもモーツァルトを聴きます。

私の場合、本当はゆっくりと聖書と向き合えればいちばんよいのですが、その時間がなかなかとれないとき、あるいは料理をしていたり、運転中だったりと手が離せないときには、いつもモーツァルト。

お風呂のほかにも、キッチン、リビング、書斎と四カ所にＡＩ搭載のステレオを用意して、「モーツァルトを聴かせて」というと、音が出てくるように仕掛けてあります。曲を聴いているうちに気持ちが切り替わり、「もういいや、ここから先は自分の仕事、自分の人生！」と自分に活が入ります。

先日、株式会社サンリオエンターテイメント代表取締役社長・サンリオピューロランド館長の小巻亜矢さんとお話をする機会がありました。

小巻亜矢さんは、大学を卒業後に株式会社サンリオに入社、二五歳で結婚退社し、出産、離婚を経てサンリオの関連会社に復職。五二歳で東京大学大学院に入学、サンリオエンターテイメントの取締役に就任したのは五五歳のときと、異色の経歴の持ち主です。サンリオピューロランドの「奇跡のＶ字回復」を成功させた人としても知られます。

そんな小巻さんにモーツァルトの話をしたら、「私はベートーベンです」と。そのときが初対面だったのですが、小巻さんも私と同じく亥年《いどし》なので、「二人ともイノシシみたいにまっすぐ進んでよく似ていますね」と大笑いして、一気に意気投合しました。

このような気持ちの切り替えスイッチは、いくつかの場面でそれぞれいくつかもっていると便利です。

たとえば私には朝のルーティンがあります。毎朝の約二・二キロ、三五分間のウォーキングを日課にしているのですが、極端に寒い日や小雨の日などは外に出るのを一瞬ためらいます。でも、お決まりのサンバイザー、サングラス、小雨なら傘をさせば、「よし！　行こう！」という気持ちになれるのです。

長年使い続けているそのサンバイザーはかなりの年季が入っています。ウォーキングの途中で近所の知り合いの方にバッタリ会ったときには、「綾子先生、そのサンバイザー、もうボロボロじゃない。買ったら？」といわれてしまいました。でもすっかり私の「切り替えスイッチ」となっているサンバイザーはなかなか手放せないのです。

気持ちの切り替えスイッチは、何でもいいのです。

私のモーツァルトのような音楽でも、サンバイザーのような身に着けるものでも、あるいは「変顔をしてみる」などでもよいですね。気分が落ち込んだとき、思いっきり変顔をして自分の心を笑わせてあげる。そうすると気分がスッキリしますよ。よければ一度お試しください。

わかってくれる人は必ずいる

どうして自分ばかりがこんなにつらい目に遭うのだろう、と思うことがありますね。
それもまた、孤独を感じる瞬間でしょう。
このようなとき、私は聖書の次の言葉を思い出します。

あなた方の受けた試練はみな、人の知らないようなものではありません。
（新約聖書「コリント人への手紙　第一」一〇章一三節）

わかりやすくいえば、「あなたがいま感じているつらさ、苦しみ、悲しみは、人が知らないようなものではなく、同じ思いをしている人はほかにもいますよ」となるでしょうか。

人はつらい状況に陥ると、つい、自分は世界一不幸な人間だ、この苦しみ・悲しみは誰にもわかるまい、私ほど不幸な人間はいないなどと考えてしまいますね。しかし聖書の言葉にあるように、実際はきっと、そんなことはないのです。

「どうしても笑顔になりたくないときがあるんです」

先日、私の社会人講座「佐藤綾子のパフォーマンス学講座（ＳＰＩＳ）」の表情筋トレーニングの講師養成講座で「顔活指導士」の特別セミナーをしていたら、受講生の一人の五〇代の女性・Ｍさんがこういいました。

「いい表情でいることはまわりを幸せにするし、自分の気持ちや考えが変わることも頭ではわかっている。でも、何だかひどく疲れて腹が立ってしまって、いい顔ができないときがある」というのです。

彼女は開業医の歯医者さんです。パワフルで優秀で親切です。でも彼女もまた一人で闘い、踏ん張って生きてきたようです。

他人にははかり知ることができない苦労が、彼女にはきっとあるのでしょう。どんな言葉をかけようかなと思いながら、私はほかの受講生たちを見渡しました。そして「Mさんの気持ちがわかる人、どなたかいますか？」と聞いたのです。すると、Wさんがすっと手をあげました。

Wさんもまた、数年前にご主人を亡くされ、ご主人から引き継いだ複数の病院の経営を仕事にしていました。専業主婦から突然、いくつもの病院や組織の理事長となった彼女に対し、その病院の関係者（とくにトップの医師たちや事務方）は、「医療の素人のくせに」といった態度で、彼女の言葉をまともに聞こうとしないというのです。ストレスですっかり痩せてしまうほど当時苦しんだという彼女は、「いい顔をしたくないときがあるという気持ちが、私にはすごくわかります」といったのです。

このときの受講生は一五名ほどでした。

つまり、「どうしてもいい顔をしたくないときがあるんです」と最初にいった彼女のつらさを理解してくれる人が、このたった一五名のなかにすでに一人いたわけです。あとで聞くと、手をあげなかったけれど経験があるといった人はほかに三人いました。

このとき私はあらためて、先ほどの聖書の言葉を嚙《か》み締めました。そして「本当に『あなた方の受けた試練は人の知らないようなものではない』な」と感じ入りました。

あなたがつらい思いをしているとき、同じようなつらさを抱えている人をすぐ見つけるのは、きっと難しいでしょう。自分の重荷がいっぱいで周囲まで見渡せないという心理状態でしょう。でも自分と同じように苦しんでいる人はどこかには必ずいる、つらいのはきっと自分だけではない。こう思えば、少しは力が湧いてくるのではないでしょうか。

また、周囲にたとえ自分と同じようなつらい状況にいる人を見つけられなかったとしても、そのつらさを知っている方が必ず一人います。それは、神様です。
先ほどの聖書の言葉は次のように続くのです。

神様は真実な方ですから、あなた方を、耐えられないほどの試練に合わせることはなさいません。むしろ、試練とともに脱出の道もまた、備えてくださいます。

キリスト教では、試練を神様が授けてくださったものだと考えるわけですね。これはつまり、どんな試練も神様だけはちゃんとわかってくださっているということ。周囲に自分のつらさをわかってくれる人は誰もいないと思っていても、神様だけはわかっていてくださる。

ここでは聖書の言葉を紹介しましたが、仏教にも同じ内容の教えがありそうですね。自分にとっての神様がいて、その神様が自分のことをわかってくださる。神様は自分の孤独を理解してくださる。そう思えたら何と素敵なことでしょうか。

気楽な「ギブ&ギブ」で行く

五四歳のときの「人生の危機」といえる体験を経て、私は「これからはギブ&ギブの気持ちでいこう」と決めました。それから約二〇年。ずっとこの気持ちでやってきました。結果、いちばん感じるのは孤独感がなくなったこと。これは大きな効果でした。

それまでの私の気持ちは「ギブ&テイク」というより、「ゴーゲッター(go-getter)」。英語のこの言葉どおり、西部開拓の人々は、西へ西へと進みながら、自分の道を切り拓きました。文字通りにいえば「行って、手に入れる人」、進取の気性の人です。パフォーマンス学を広めたい、そのために博士号をとりたい……。「～がしたい」「～を手に入れよう」といった、つねに自分が何かをゲットしていくのがパターンでした。「～をしたい」「～がほしい」というのは、一般的には目標や夢、希望ですから、いいことです。しかしその目標や夢をかなえようと必死になればなるほど、孤独感が深まります。私はこんなにも一生懸命やっているのになぜみんなはわかってくれないのだろう、私のこのたいへんな努力を誰が知っているのかしら、などと思うこともしばしばでした。

結婚していたときには夫の理解が得られずに苦しみました。パフォーマンス学を広めようと努力しても、心臓外科医の元夫は「心臓外科は人の命に関わる。でもパフォーマンス学はそうじゃないだろう」といい、私の著書が売れると「少しぐらい売れたからといっていい気になるな」とバッサリ。そんな元夫の言動に対して、いちばん身近にいる人がどうして私のこの必死の努力をわかってくれないのかと、孤独を深めていきました。

しかしがんばればがんばるほど、戦えば戦うほど孤独になるのは私だけではなく、よくあることでしょう。

先日お会いした、ある企業の優秀な女性マネージャーは、部下の言動に腹を立てていました。企業研修で部下たちが発表したスピーチの内容に、「口先だけだ」とひどく憤っていたのです。

彼女の話をよく聞いてみると、彼女は毎日ものすごくがんばっています。朝は八時に出社し、夜の九時、一〇時まで働き詰め。それでも仕事は終わらない。ほかの支社との打ち合わせや報告もあるし、部下指導もぎっしりある。私の苦労を部下たちはまったくわかってくれず、ろくな努力もしていないくせに、スピーチでは体裁のいい言葉を並べる。それがすごく腹立たしいのだと。

彼女の姿はある意味、四〇代の頃の私のようでした。こんなにがんばっているのにどうしてわかってくれないのかという気持ちをもちながら戦っている姿は、まさに孤軍奮闘。彼女は孤独な戦いをしていたのです。

そしてその孤独の元にあるものの一つが、「ギブ&テイク」という気持ちではないでしょうか。「こんなにがんばっているのに、どうしてわかってくれないのか」という思いは、言葉を換えれば、「私はこんなにもやってあげているのに、どうしてあなたたちは何も返してくれないのか」となるでしょう。

「ギブ&テイク」は見返りがあることが前提になっているため、それが得られないと裏切られた、期待が外れた、となってしまうのです。

その点、相手から何かを得る、与えられることを前提にしない「ギブ&ギブ」は、相手への期待値が下がります。得る、もらう喜びでなく、与えることそのものが喜びになるため、ギブだけで喜びが完結する。人が孤独を感じるのは、自分以外の人が期待外れの行動をとるときですね。私はこんなにも尽くしているのに相手はわかってくれない。私はこんなにもやっているのに、相手は感謝もしてくれない。この努力を相手は認めてくれない、などと思うときです。

「ギブ&ギブ」は、自分が何かをしても、その先を期待しない。先にあるのは、再び与えることだけです。そうすれば喜びが連続する。そうなると孤独も感じなくなります。そう、「ギブ&テイク」より、「ギブ&ギブ」の気持ちでいるほうがずっとずっと気楽で楽しいのです。

人生後半、自分が持っているものはどんどん与えて、取り越し苦労する暇があったら、あげられるものも数えて、もっと気楽に進みましょう。

私の生徒さんたちは、私がたくさんの仕事を抱えてヒイヒイいっているときも「アヤコ先生、いつも元気でカワイイ!」などと、年上にけしからんことをいいます。私が嬉々《きき》として教えていることを見破っているからでしょう。

七〇代のいま、「アヤコ先生、毎日楽しそうですネェ」と生徒たちにいわれるのも、根本はこんなにシンプルなことなのです。

第5章

「時分の花」を咲かせる

世阿弥が見た「真の花」

能の大成者・世阿弥が著した『風姿花伝』という能楽書があります。父・観阿弥から受け継いだ能の奥義を体系化し、子孫に伝えるために記したもの。このなかに「年来稽古条々」という章があり、ここで世阿弥は「七歳」「一二、三歳」「一七、八歳」「二四、五歳」「三四、五歳」「四四、五歳」「五〇歳以上」と年齢を区切り、その年代の特徴、対処の仕方、心構えなどを説いています。

たとえば「二四、五歳」のときなら、役者としては、変声期も過ぎて体も安定し、美しさも若さも盛りの時期。目立つし、観客からは「上手な役者が出てきたな」などともてはやされることもある。しかしこのときに咲く花は「時分の花」にすぎない。この時期だからこそ咲くかりそめの花であって「真実の花」ではない。「時分の花」が本当の花だと思っていると、「真の花」からはどんどん遠ざかっていく、などと戒めています。

「四四、五歳」では、この頃になると、高齢になり能の実力はあるかもしれないが、力も身体的な華やぎもなくなってくる。こうなったら脇の役者に花を持たせて、自分は「少な少なとすべし」。要は、込み入った写実の演技などせずに、極力削いだ演技をしなさいというのです。

最後の「五〇歳以上」では、「『麒麟《きりん》も老いては駑馬《どば》に劣る』と申すことあり」と記しています。要するに「日に千里走るといわれる麒麟も、歳をとれば鈍い馬に負けてしまう（才能がある人も歳をとれば凡人に負けてしまう）」、だからこうなったら「何もしない」以外に方法はない、というのです。

ここでの「何もしない」は「本当に何もしない」ではないので、お間違いなく。大げさな無駄な演技をするな、というのです。

世阿弥が生きていたのは室町時代ですから、当時の年齢と現代の年齢の感覚の違いは考慮する必要があるでしょう。当時の四四、五歳は現代なら六四、五歳、当時の五〇歳以上は現代の八〇歳以降ぐらいの感覚でしょうか。

とはいえ「四四、五歳」以降の、体力や見た目の華やぎが失われていくという指摘は役者に限ったことではなく、耳が痛い気もします。

でも世阿弥は、父・観阿弥が死の直前（観阿弥が五二歳のとき）、駿河《するが》の浅間神社で宝前に捧《ささ》げる能を舞ったその姿に「真の花」を見た、とも語るのです。

この部分はきっと能に限ったことではないですね。

つまり、「時分の花」を「自分の花」だと勘違いせず、驕《おご》らず、くさらず、たゆまず努力を続け「本物（真の花）」を手に入れれば、どんなに歳をとってもそれは失われることはなく、むしろ人生のエンドマークが見えてきた頃にこそ人の心を打つ、心に残る「真の花」が咲くものなのだ、と彼は述べています。

では、私たちが「真の花」を咲かせるためにはどうしたらよいのか。それが世阿弥のいう「年来稽古条々」であり、私がお伝えしている「志」です。願う力です。

それはやはり、志をもって働き続けることでしょう。お金や地位、名誉などのためではなく、「みんなのために、自分のためにこういう形で役に立ちたい」と思って行動し続けること。

私の場合は、「日本人のために、パフォーマンス学を普及したい」という志をもって長年やってきました。そして実際にやってきてわかったのは、志と信念をもって続けてきた仕事は、確実に何かが自分のなかに残るということです。

たとえお金がなくなっても、地位や肩書きがなくなっても、極端にいえばすべてのものを失っても、それは自分のなかに残るのです。私の場合なら、それは「パフォーマンス学」とそれをやる仲間、生徒たち、友情でしょうか。

だから私は、「たとえいま、すべてのものを失っても、私の頭と心には『パフォーマンス学』があるではないか！」と思えるのです。もし何もかもなくなっても、私のなかに蓄積されたパフォーマンス学を使って人の役に立っていこうと前向きになれる。たとえすべてを失ったとしても自分のなかに残る確実なものがありさえすれば、「これを失ったらどうしよう？」と一つの事柄や人の評価にしがみつく不安は出てきません。

そしてもう一つ。志をもって仕事を続けると、あなたの成果はのちの世代に受け継がれていくのです。

世阿弥の父・観阿弥は、生涯最後の舞で世阿弥に「真の花」を見せました。そこに至る道も見てきた世阿弥はその思想を受け継ぎ、それは何百年とたったいまも、こうして私たちに届いているわけです。

それに比べて、地位や名誉は引き継がれることはないですね。「親の代からのご贔屓《ひい》屓《き》まで」という伝統芸能や老舗《しにせ》はありますが、一般的にこの世のサクセスすべてを誰かに受け継いでいくには限界があります。

こう考えると、私たちが本当にやるべきことが見えてくるように思いませんか。

志をもって働き続けると、もちろん人もお金も自然に集まってきますが、何よりもそれは、素の自分を豊かにする、またスピリットを磨くことにもつながると思います。

小さなことから志を育てる

仕事は志をもってやるべきだといっても、これまで仕事に対して、自分なりの信念や哲学をもってこなかったという方は、「いまさらどんな志をもてばいいのか？」と戸惑うかもしれません。

しかし志とかビジョンといっても、最初からそんなに大げさに考えなくてもいいのです。まずは自分のいまの仕事のなかでおもしろそうなことから考えてみてはどうでしょうか。

ただし、その興味や意義が「他者のためになるかどうか」はぜひ考えてください。

直接的でも間接的でも、ほかの誰かに役立つことにつながる志であれば、些細なものと人から思われることだってかまいません。やるのはあなたですから。早起きをして町の中をきれいにする、得意な料理を教えるだっていいでしょう。かえって壮大な「信念」よりも簡単に実行に移せること一つぐらいからでいい。達成感を味わって、次へ進めます。

以前、ある六〇代の男性会社員の相談を受けたことがありました。彼は介護つき高齢者住宅の管理職社員として働いていましたが、仕事にやりがいをまったく感じられないというのです。毎日の楽しみといえば、仕事が終わった後のテニスとそのあとに飲むビール。仕事はその楽しみにたどりつくためにやむなくやっている、ともいっていました。

しかし高齢者住宅は、多くの入居者の方が人生最後のときを過ごす場所です。この男性が働く施設の入居者側からみたら、何と冷たいことでしょうか。私は思いきって、こういいました。「サービス付き高齢者住宅というのは、入居者の方が本当にしあわせに最晩年のときを過ごせたと思えるような場所であるべきではないですか？　ご入居のみなさんにとっての『ラストラン』の場所ですね。そのためにあなたに何ができるかを考えたほうがいいのではないかしら？」と。

しかし彼は「ピンとこない」といいました。給料分以上の働きをして、自分は相当にがんばっているつもりだというのです。「ほかの人が自分のレベルに来ないとわからないでしょう」ともいっていました。

そこで私は、「まずは部下への声かけからやってみましょうよ、外部からのスタッフさんにも」と提案してみました。会社では掃除のスタッフや食事の準備をするスタッフなど、多くの方が働いています。全員名札をつけているので、その名札を見てまず名前で呼びかけてみましょうと伝えました。「○○さん、おはようございます」「○○さん、お疲れ様です」などの挨拶でもかまいませんよ、と。

いまひとつ乗り気でなかった彼は、家に帰ってから奥様にこの話をしたのだそうです。すると「あなたはまわりの人を自分より下に見ているから、あなたにはそんなことできっこない」とグサリといわれたとのこと。男性はその奥様の言葉で「何くそ！」と奮起したそうなのです。

翌日、思いきって掃除をしているスタッフに笑顔で声をかけたとのこと。「○○さん、いつもきれいにしてくださってありがとうございます」と。

するとそのスタッフの方が、ニッコリと笑って「どうもありがとうございます」と返してくださった。男性はそれがすごくうれしかったというのです。それまでは仕事なのだから「掃除して当たり前」「食事の準備をして当たり前」と思っていたため、当然「ありがとう」という言葉が出ようもない。でも、スタッフの笑顔と「ありがとうございます」という返しで、男性の気持ちは変わったのです。

その話を聞いて、「すごい！　まずは一つ目の目標達成ですね。じゃあ、次の報告を待っていますよ」というと、彼はさらにやる気を出し、スタッフにどんどん声をかけるようになりました。

半年後、彼が異動で別の施設に移ることになると、部下からは惜しむ声が多く聞こえたそうです。なかには「○○さんがいなくなると、火が消えたようになると思います。さびしいです」といってくれた部下もいたといいます。

信念をもって働くというのは、たとえばこんな些細なことでもいいと思うのです。彼の行動をあえてビジョンやパーパスに置き換えてみれば、「スタッフに気持ちよく働いてもらうための仕事をする」になるでしょうか。スタッフが気持ちよく働ければそれはスタッフのしあわせになり、ひいては入居者と、そのご家族や社会全体のしあわせにつながりますね。

そして彼の行動もまた「受け継がれる」ものです。彼が施設を去ったあと、「さびしい」と感じた別の職員が彼の行動を思い出し、同じように「○○さん、いつもきれいにしてくださってありがとうございます」と声かけするようになるかもしれません。

あるいは、声をかけてもらってうれしかったスタッフが、まったく別の場所でほかの誰かに（たとえば自分が住むマンションの掃除スタッフの方に）「いつもありがとうございます」というようになるかもしれません。たとえ小さくても、自分が感謝の気持ちをもって、それを伝えながら働くことの周囲への影響力は、とても大きいものなのです。

「わだち」のなかにヒントがある

「誰かのために」といっても、私にはできそうなことが何もないと思う方もいるかもしれません。しかし誰にでも必ず、他者のためにできること、他者に与えられるものはあります。ここからはしばらく、このことについて考えていきましょう。

誰かにしてあげられることは、第一に自分のキャリアに潜んでいます。キャリアというと、最近は「仕事の経歴」という意味で使われる場合が多いですが、もともとの意味はまったく違いました。

キャリアという言葉は元をたどると「チャリオット（chariot）」という言葉に行き着きます。チャリオットとは、古代ギリシャで使われていた二輪の戦闘用馬車のこと。古代ギリシャでは兵士がこの二輪車に乗り、馬に引かせ、弓や剣などの武器を操りました。複数の馬に引かせれば文字どおり馬力は増し、馬を操る兵士と同乗すればもう一人の兵士は戦いに専念できます。一人で一頭の馬に乗って戦うより、チャリオットを使ったほうがパワーも効率も格段にアップしたのでしょう。

戦いに勝利したあとの凱旋《がいせん》行進でも、兵士たち（たとえばジュリアス・シーザーなど）がチャリオットに乗って手を振り、群衆たちに勇姿を見せたのです。

そしてチャリオットの二輪は、走ると地面に通った跡「わだち」をつけます。それを「チャリビア（charivia）」といいました。VIAは英語で「〜を経由して」「〜を通じて」という意味ですが、ラテン語の「道」という言葉が語源になっています。つまりチャリオットの二輪が地面に刻んできた跡が道のようになり、それをチャリビアと呼んだわけです。このチャリビアが徐々に変化しキャリアという言葉になりました。

ですからキャリアという言葉は、人にあてはめると、本来その人がこれまで通ってきた道、歩んできた道であり、それは何も仕事に限定した道ではなかったのです。人生における自分の足跡といってもよいかもしれません。

そしてほかの誰かにしてあげられることは、人それぞれ自分のキャリアのなかに潜んでいるはずなのです。

たとえば子どものために毎日一生懸命料理をしてきた、毎朝、お弁当も持たせたという人は多いでしょう。とくにもともと料理が好きな人だったら、そうとう料理の腕が上がっているはずです。でも子どもたちはいずれ独立しますね。わざわざ子どもたちのために料理をする必要がなくなるのです。

であれば、今度はその料理の腕をほかの誰かのために生かせばいい。たとえば子ども食堂でお手伝いをすればいいのです。

あるいは、趣味を生かすこともできます。

たとえば私が通う教会のお仲間に、キルティングがとても得意なKさんという女性がいます。自分で作ったポーチやバッグなどをいつも愛用していて、ほかの方からも素敵だと評判です。

あるときKさんがやはり手作りの小さなポーチを持っていて、それがあまりにかわいかったので私が「わぁ、いいな」といったのです。すると「じゃあ、作って差し上げるわ」と彼女。私は毎朝二キロのウォーキングを日課にしているので、そのときにスマホなどを入れて持っていく小さなポーチをお願いしました。

数日後、Kさんは小さな花柄のとても素敵なポーチを作ってきてくれました。私は「わぁ、かわいい」と再び声をあげ、喜んで受け取ったのですが、さてお礼はどうしようかと考えました。するとそんな私の心の内を見透かしたかのように、「お礼なんていりませんよ」とKさんはいったのです。

けっきょく、私はそのポーチをありがたくいただきました。その代わり、「次に教会でKさんと会う機会があったら、この前いただいたおいしいお菓子をお裾分けとして持っていこう」と思い、「Kさんはこういうものはお好きかしら?」と、そっとお渡しました。

誰かのために何かをするというのは、何も特別なことではありません。このKさんのように、自分の趣味を生かしたものでもいいのなら、素敵ですね。趣味であれば、自分で楽しくできるうえに誰かの役に立つという二重のメリットがありますね。

キャリアは自分が歩んできた道の跡ですから、仕事の有無にかかわらず誰にでもあります。そしてそのキャリアのなかに、必ず誰かの役に立つことの「種」があるはずです。

誰かのために自分を使ってみる

キャリアは自分が歩んできた足跡であり道なので、仕事をしてきた人は、もちろんそこに仕事も含まれます。ですから人生後半で誰かのために何かをやろうとするとき、これまでの仕事のなかにもその「種」はあるのです。

リタイア後まで仕事をしたくない、これまでさんざん仕事をしてきたのだからもっと別のことをやりたいと思う方もいるかもしれません。しかし同じ仕事でも動機が違えば、まったく違ったおもしろさや楽しさが出てくる場合があるのです。

たとえば私がまだ結婚していた頃、心臓外科医だった夫は緊急の手術が入ると、それが早朝だろうと真夜中だろうと関係なく、医師と看護師たちのおにぎりを作って運んでほしいと電話してきました。もしもそのとき、医師と看護師が合計八人なら、最低でも一六個のおにぎりを作ります。急いでご飯を炊いて具材を用意し、ご飯が炊き上がると急いで握って海苔《のり》を巻き、箱に詰めていきます。それを車で病院まで届けるのです。当時は、一度たりともこの夫の要求を断りませんでした。

病院におにぎりを届け終わって、駐車場に停めていた車の運転席のシートにもたれると、「あー、終わった」と心底ホッとし、解放感を味わったものでした。

しかし「解放感を得た」ということは、それを義務でやっていたということの証《あかし》でしょう。夫のために「やらなければならない」と思い、もっといえば「やらされている」という思いもどこかにありました。

私はもともと料理が大好きで、いまも友人や仲間が家に遊びに来てくれるときには張り切って何種類もの料理を作ります。こんなとき、料理を終えても解放感などないのです。ただただ、あー、楽しかった！　という思いだけ。みんなが喜んで食べてくれたらいっそううれしく、楽しくなります。

つまり、同じ料理でも義務感でやる場合と、誰かのためにやりたいと自ら進んでやる場合とでは、そのおもしろさがまるで違ってくるのです。

これはきっと仕事でも同じでしょう。

どんな仕事も多かれ少なかれ必ず義務感がともないます。会社の売り上げに貢献するため、上司のため、ノルマ達成のためなど数々の「〜ねばならない」がある。そしてたいてい、その向こうに見据えているのは自分のサクセスでしょう。人よりたくさんお金を稼ぎたい、出世したい、昇進したい、知名度を上げたいといった思いがあるからこそ数々の義務を果たそうとするわけですね。

しかしサクセスをめざすのをやめ、そこから生じていた義務感や「やらされ感」から解き放たれてみると、仕事でやってきた行為そのものは意外とおもしろくできる場合があります。

たとえば会社で営業職を担当してきた人のなかには、ひじょうに聞き上手、話し上手な方がいます。仕事ではその能力を契約成立などの目標のために使っていたでしょう。それを今度は地域の集まりなど、まったく別の場所で発揮してみる。すると周囲からひじょうに喜ばれることがあり、それはお金や地位といった見返りを受けていたときとは違う喜びをもたらしてくれるのです。

こういうと今度は、自分には仕事で培ってきた特別な能力などないと思う方がいるかもしれません。しかしそんなことはないのです。どんな仕事でも、長年真面目に取り組んできた方なら、その過程で必ず何かしらの能力を身につけています。

本人からすると、長年続けてきた仕事はルーティンと化しているので、自分がやっていることに対して「できて当たり前、こんなことは誰でもできる」と思いがち。でも端から見ればその人だからこそできる特別な能力である場合は少なくないのです。人そう、知らず知らずのうちに豊かな資源を自分の内に蓄えてきたわけなのですね。人生後半になったら、それを自分のサクセスのためでなく、違う方向に「自分以外の誰かのために」使ってみませんか。本当に素敵な喜びがあなたの心に湧いてきます。

自分のよさを発見する方法

ではどうしたら、自分の足跡、自分がこれまで歩んできた道であるキャリアのなかに、他者のためにできる何かを見出すことができるのでしょうか。

私が開発した「私のグッドネス」という自己分析法があります。「（1）私が思う私の長所」「（2）友人や家族に聞いた私の長所」「（3）私が思う私の短所」「（4）（1）と（2）のなかで人を幸せにすると思われる長所」という四つの項目について、「パーソナリティ」「実力」それぞれに分けて、考えられるだけ挙げてみるのです。拙著『自分をどう表現するか』（講談社現代新書）には表も載せてあります（一八六ページ）。

まずは「（1）私が思う私の長所」を、「パーソナリティ」と「実力」のそれぞれについて考えます。

「パーソナリティ」は性格ですから、たとえば「明るい」「小さなことにくよくよしない」「好奇心が旺盛」といった内容を書いていきます。

「実力」は、仕事で身につけてきた能力のほか、趣味で培った能力も入れてください。楽器の演奏や歌が得意、習字や絵がうまいなども立派な能力です。

次に「（2）友人や家族に聞いた私の長所」を考えていきます。これも、パーソナリティと実力それぞれについて挙げていきます。

少し気恥ずかしいかもしれませんが、友人やご家族に、ぜひ「私の長所はどんなところだと思う？」と聞いてみてください。きっと思いがけない答えが返ってくるでしょう。

あるいは、これまでほかの人からいわれた言葉を思い出してみるのも一つの方法です。たとえば「○○さんって、いつもニコニコしていて楽しそうね」「○○さん、字がすごく上手ですね」「○○さんの説明はとてもわかりやすい」「○○さんは手先が器用ですね」など、他人からのさりげない一言には意外と真実が隠れているものです。しかも自分では自覚していないものもあります。自分について知るとき、客観的な意見はひじょうに重要なのです。

「(3) 私が思う私の短所」では、自覚している短所をパーソナリティと実力、それぞれに記入していきます。長所と短所はちょうどコインの裏と表のように、デュアル・ストラクチャー(二重構造)をもっています。

たとえば自分は「優柔不断」だと思っているとしましょう。決断力がないのはたしかに短所といえます。しかしなぜ優柔不断なのかを考えていくと、それは周囲を思いやる気持ちが強いあまり、なかなか決められない、という場合もありますね。AかBを決めるとき、Aを選べば友人Cさんにとって不利、Bを選べば友人Dさんに不利となれば、友人思いの人にとっては難しい選択になります。そう、「優柔不断」は、「人に対して思いやりがある」という長所の裏返しでもあるわけです。

あるいは、せっかちのためメールの文面を間違えてしまいがちというマイナスの「実力」があるとしましょう。せっかちな人は仕事のスケジュールを早めに立てて進行させるため、無意識のうちに周囲を安心させている場合もあります。この場合なら、「せっかち」をきっかけに、「早め早めの行動をとることができる」という長所が見えてきます。

このように短所を具体的に挙げることで、かえって長所が見えてくるのです。ここで見えてきた長所を、また（2）の部分に書き込んでいきます。

（1）から（3）までをじっくり考えたら、最後の（4）では「（1）と（2）のなかで人を幸せにすると思われる長所」のパーソナリティと実力を抜き出していきます。

この部分が、あなたの「他者のためにできること」であり、あなたの「善性」です。この部分を大切にし、さらに伸ばしていく努力をすれば、それは必ず誰かのためになる。アリストテレスがいう「徳をともなったよき生」、つまり利他の生き方になります。

みんな我が子だと思ってみる

視野を広げてみることで、誰かのためにできる何かを見つけられる場合もあります。

アメリカの劇作家アーサー・ミラー（一九一五〜二〇〇五）の『みんな我が子（All My Sons）』という作品があります。

実は、私の上智大学大学院時代の指導教授であった佐多真徳先生がアーサーと親しく、そのご縁で、ニューヨーク留学中に私は何度かコネチカット州にある自宅や仕事場に行って、アーサーにお会いしたことがありました。彼はとても気さくな人でしたが、作品は総じて深刻なものが多いのです。

『みんな我が子』は、第二次世界大戦後のアメリカの、ある一家の物語です。主人公は一家の長である父のジョー。彼は機械組み立て修理工場の経営者で、戦時中は戦闘機の部品を作っていました。戦争特需で富を得、戦後、彼は町の名士でした。

彼には二人の息子がおり、長男のクリスは健在ですが、次男のラリーは戦争中にアジアへ向かったまま消息不明です。

劇中で父のジョーは、長男のクリスにいいます。

「俺はおまえのために働いているのだ」

実はジョーには、自らの工場で欠陥部品とわかっていながら出荷し、その部品を使った戦闘機に乗った若者二一人が亡くなったという過去がありました。彼は裁判で巧みに嘘《うそ》をつき、責任を部下に押しつけ、無罪となっていたのです。その嘘をつき通し、自身を納得させるがごとく、息子には「おまえのために働いている」という体を貫いていました。しかし家族のためならほかの犠牲はやむを得ないという彼の考え方はひじょうに利己的です。

そして終盤、消息不明だった次男のラリーが、実は父の罪をすべて知り、それに耐えきれず自殺をしていたことが判明します。ラリーは自分の父によって殺されたも同然の二一人の同胞を思うと、とても生きていられなかったのでしょう。

息子の死を知り、ここでジョーは初めて目を覚ますのです。私の息子はクリスとラリーだけではない。死んでいった二一人の若者も、全員自分の息子と同然だったのだ、と。そして最後に〝All my sons〟（みんな我が子）と嘆く。直後、舞台には一発の銃声が響くのです。


この物語はひじょうにシリアスな内容ですが、私たちにとても大事なことを教えてくれます。それは利己的に生きることの愚かさであり、この世に生きる子どもたちはみな、我が子も同然だということです。

とくに人生前半、多くの人は自分が生きるのに精いっぱい、子どもがいたとしてもまだ幼ければ、我が子を守り育て上げることに必死でよその子まで気が回らないかもしれません。

しかし人生後半に入ったなら、自分の子の有無にかかわらず「みんな我が子」と思ったほうが、できることが見えてくるのではないでしょうか。自分の子や孫だけに視線を向けるのではなく、視野を広げて世の中のすべての子どもたちを思う。多くの子どもたちにできる何かをしてあげて「ありがとう」といわれたら、それは何ともいえない喜びになるはずです。


実は私自身が、視野を広げることで救われた経験があります。

五四歳のときに最愛の母を亡くし、ミッドライフ・クライシスに陥ったことはすでにお伝えしましたが、その後、私が気持ちの立て直しをできたきっかけの一つは、アメリカで実際に観たり、作者のアーサー・ミラーに会ったりして心に強く残っていたこの「みんな我が子」の考え方です。

「もっとそばにいて話を聞いてあげればよかった、小さくてもいいから庭つきの一戸建てに住ませてあげたかった……。でももう、それをしてあげられる母はいない……」母が亡くなったあとに、何度も妹と話したことです。妹も同じ気持ちでした。心身ともにボロボロでしたが、鈴木龍先生という精神科医のカウンセリングを受けながら、徐々に気持ちは回復していきました。そしてあるとき鈴木先生にいったのです。「私は自分の母親だけが母親ではないような気がしてきました。先生、『オール・マイ・マザーズ』でしょう?」

するとと先生は次のようにおっしゃってくださいました。

「はい、そうですね。やっと佐藤さんは自分本来の落ち着きを取り戻して、そこに来ましたね。よかったですね」

母はもういないけれど、周囲を見渡せば、母と同じかそれ以上の高齢者はたくさんいる。おばあちゃんに限らずおじいちゃんもいる。高齢者に限らず子どもだっている。彼らをみんな「マイ・マザー」だと思えばいい。彼らが話を聞いてほしいと思うなら、彼らの話に耳を傾けよう。みんなを自分の母親だと思って、母にできなかったことをみんなにしよう……。そう思えたのです。

誰かのために何ができるだろうと考えるとき、我が子や孫に向けている視線をそっと外し、視野を広げてみる。そして見えてきた彼らにも心をかけてみる。するときっと、自分にやれることがたくさん見えてくるでしょう。

定年のない勉強を始める

前述したサンリオ社長の小巻亜矢さんに「もし今後、たっぷり時間ができたら何がしたいですか？」と聞いたことがあります。するとすぐに「勉強したいです」と小巻さん。また大学院に戻り、心理学の勉強や研究をしてみたい、とのことでした。

その言葉を聞いて「あぁ、やっぱり！」と思いました。人生後半をいきいきと過ごしている方は、「勉強をしたい」と思っていたり、実際に勉強をしている方が多いなと感じていたからです。

たとえばコメディアンの萩本欽一さんは八〇歳でユーチューバーとなるなど、現役で活躍されていますが、萩本さんが駒沢大学に入学したのは七四歳のときでした。

実は私も、いまも哲学の勉強を続けています。哲学者であり、東京大学大学院教授の納富信留先生が行っている講座に定期的に参加しているのです。その講座では、おもに先生の教材と指定図書を読み解いていくのですが、ひじょうにおもしろく刺激があり、参加するたびに新たな学びがあるのです。私も積極的に質問していますが、納富先生には我々の学会に来ていただき、講演もしていただきました。

学びは自分の可能性をどんどん大きくし、また新たな可能性を開花させるチャンスももたらします。学びによって人はいつまでも成長を続けられる。

しかもいまは、勉強をしようと思えばいつでもどこでもできる便利な時代です。ネット上には無数の無料の教材があり、本も手に入りやすいですね。

そう、いまはやる気さえあれば誰でも、何歳からでも学ぶ機会はあるのです。

学んで自分で大いに愉《たの》しむだけでもいいのですが、それを次はほかの人に還元できればなおいいでしょう。自分が習ったこと、自分が学んだことをほかの人に教えていくのです。それによって誰かの花が咲くかもしれません。

そして学びのすばらしいところは、何といっても定年がないこと。エンドレスでずっと続けられる。終わりのない旅をずっと愉しむことができるのです。ここであなたに英語のことざわを一つプレゼントします。

It's not too late to learn.（直訳すれば、「学ぶに遅すぎることなし」）

現在もパフォーマンス学を大学生や社会人に教えながら、一方で学び続ける私の道しるべです。

いくつになっても花は咲く

二〇一七年、八一歳の若宮正子さんはiPhone用ゲームアプリ「hinadan」を開発し、アップル社のCEOティム・クック氏から「世界最高齢のアプリ開発者」と称えられ、プログラマーとして有名になりました。

若宮さんは、インタビューのなかで次のようにおっしゃっています。

「学ぶことの大切さが本当に分かったのは八〇歳を過ぎてからです。学ぶ気になれば、新聞だってテレビだって、立派な教材です。毎日の通勤電車内で流れる英語のアナウンスだって、その気で聞けば、『こういう言い方をするのか』と勉強になりますよね。

要するに教材はいっぱいある。ただ、自分にそういうものを吸収しようという気がないだけです」（経済産業省『METI Journal ONLINE』二〇二三年七月二〇日）

若宮さんは高校卒業後、三菱銀行（現・三菱ＵＦＪ銀行）に就職、同行初の女性管理職を務め定年まで働いたそうです。パソコンは退職目前の五八歳のときに購入し、独学で習得したといいます。そして七〇歳のときに表計算ソフト「エクセル」を使った「エクセルアート」を考案。「hinadan」の開発のきっかけは、スマートフォンのアプリに高齢者向けのものが少ないと感じ、若い知人に「高齢者向けのアプリをつくってほしい」といったところ、「僕らは、お年寄りがどんなことがおもしろいのかわからない。若宮さんがつくってよ」といわれたことだったのだそうです。

若宮さんは、また次のようにおっしゃっています。

「今、自分が不遇だと思っていたとしても、自分の能力と会社が要求するものが、たまたまマッチングしないだけかもしれない。自信をなくすことはありません。人生一〇〇年時代ですから、長い目で見ていればいいのです」

そして「人生を有意義に生きていくコツは」という質問には、次のように答えています。

「やりたいことがあれば、やってみることです。よく講演会で、『おっしゃることは分かるが、その一歩がどうしても踏み出せない』と言われることがあります。でも、私はまずやってみる。『失敗したらどうしよう』と言うけれど、失敗こそが資産です。失敗するためには、まずはやってみないと。だめだったら、やめればいいだけです」

何とも心強い大先輩のお言葉だと思いませんか。

このような方々の活躍を知ると、たとえ何歳であっても「よし！　これからが本番！」という気持ちになってきますね。

若宮さんのように高齢になってから「花を咲かせた」方はまだまだたくさんいらっしゃいます。

たとえば「グランマ・モーゼス（モーゼスおばあちゃん）」の呼び名で親しまれた、

アメリカの画家・アンナ・メアリー・ロバートソン・モーゼス（一八六〇～一九六一）が本格的に絵画を始めたのは七〇歳のとき。初めて個展を開いたのは八〇歳です。彼女の作品の展覧会は、いまも日本を含む世界各国で開かれています。

また、ケンタッキー・フライドチキンで有名なカーネル・サンダースが同社を創業したのは六五歳のときです。

「もしこれから結婚するとしたら、どんな人がいいですか？」

ある記者が、このように尋ねたとき、「そうだねぇ、私たちより年下がいいねぇ」

「あはは！」と答えたのは、あの「きんさん・ぎんさん」こと、成田きんさん（一八九二～二〇〇〇）と蟹江《かにえ》ぎんさん（一八九二～二〇〇一）です。

一九九一年に数え一〇〇歳を迎え、一〇二歳でダスキンのCMに出演、一躍時の人になりました。以後、きんさんは一〇七歳、ぎんさんは一〇八歳で亡くなる直前までテレビ出演などで活躍されました。

お二人の、あの笑顔とユーモラスなやりとりからはあまり想像できませんが、お二人とも、長い人生の途中では苦労もたくさんしたそうです。人知れず歯を食いしばっていた時期もあったでしょう。

それでも一〇〇歳を過ぎて、あのようにパッと花を咲かせた。ユーモアの花を咲かせて私たちをしあわせな気持ちにさせてくれました。

人それぞれの花はいつ咲くかはわかりません。でもいくつになっても花が咲く可能性はあるのです。

実際、八〇代半ばの瀬戸内寂聴さんを、私が主催する『国際パフォーマンス学会』の年次大会にお招きして講演していただいたとき、「いま、あまりうまくいっていないけれど」と質問した人に寂聴先生は満面の笑顔で、こういったのです。「大丈夫。あなたもみなさんも全員、いまがダメでも八〇代までやっていれば成功するから。アハハ」。バン！　と背中を押されたようなきわめつけの愉快な一言でした。

「愛のある関係」をつくる

前述の心理学者のアドラーは、私たちが抱える悩みはすべて対人関係に関するものだといいました。人と人との結びつきが、私たちをさまざまに悩ませるわけですね。しかし一方で、私たちに大きな喜びをもたらしてくれるのも、人と人との結びつきでしょう。

先に述べたとおり、人と人のつながり・関係をつねに心がけていたのが日野原重明先生でした。医療の現場での医師・看護師・患者とのあるべき関係性について日野原先生は次のように書いています。

私はパフォーマンスという言葉が好きなのですが、これは、音楽の演奏（パフォーマンス）で言えば、音楽家が、音楽についてのいろいろな知識、理論を勉強し、演奏のためのテクニックを身につけた上で、舞台で実際に楽器を演奏したり歌ったりする、そしてそれに対して聴衆がいろいろな反応をして、それがまた演奏にフィードバックされることでもあります。

私は、医療があらわれる現場では、医師や看護婦と、患者が、共同でこのようなパフォーマンスを行っているのだと思います。医師や看護婦が、医学や看護を実践する、そして、患者や家族が積極的に医療者と一体となって、医療に関与するのです。

（『いやしの技のパフォーマンス』〈春秋社・一九八九年〉に一九九七年に加筆、『医師のためのパフォーマンス学入門』〈日経ＢＰ〉より引用）

たとえばミュージシャンが観客とのコール＆レスポンスで共にステージをつくっていく。そのためにはミュージシャンと観客との間に開かれた関係がなければならないでしょう。

医療の現場でもそういった関係性が必要で、医師が専門知識だけに頼って「治療効果」や「延命」ばかりを重視し、一方的に医療を施すのは違う。また患者の側が、医療を医師にまかせっきりにするのも違う。

日野原先生は、医療従事者に向けて「医師の目の前にいるのは、病んだ『患部』ではなく、病んだ『人』であることを忘れないでください。しかもその病んだ人は、自分にとってかけがえのない人だと、つねに思うことです。そうすれば、患者さんの痛みや苦しみにまず耳を傾けたくなるでしょう」と著書『生きかた上手』（ユーリーグ）のなかで述べています。

また、同じ著書のなかで患者に対しては「患者であるあなたが医師や病院と対峙するのではなく、医師らと一体となって、望ましい医療を育てあげなければならないのです」と述べています。

端的にいえば、日野原先生は医師・看護師・患者の「愛のある関係づくり」をめざしたのでしょう。先生から直接ご指導いただいた三〇年間、そして私の前述の医師用の本にも『はじまりの家』という挫折と立ち直りの本にもすぐ帯を書いてくださった先生。思い出すといまも感謝の念しかありません。

さて、この「愛のある人間関係」は医療現場に必要なだけでなく、ふだんの私たちにも必要で、かつ私たちに大きな喜びをもたらしてくれるものです。

そして、とくに人生後半においては、この「愛のある人間関係」をどれくらいもてているかが、その人がしあわせに生きられるかどうかのポイントにもなるでしょう。

ではどうすれば、私たちは「愛のある関係」を築けるのでしょうか。

もうお気づきかもしれませんが、それもやはり自分以外の誰かのために何かをする、何かを差し上げる、要は「利他の生き方」をすることです。

たとえば趣味のキルティングの腕を生かして、誰かに必要なものを作ってあげている教会の友人、これまでは仕事で使ってきた経理の能力を、次は仲間とのサークルで生かしているTさん。近所の子どもたちを、自分の子どもや孫のようにあたたかく見守るご近所のGさん。人前ではいつもおだやかな笑顔でいる。電車内でつらそうな人がいたら声をかけてみる……。

こうした利他の行為をすると、そこに誰かとの関係性が生まれます。その関係性を育んでいくと友情や愛情、信頼が生まれる。

そう、誰かのためを思って生きる、誰かのために生きると、「愛のある関係」という大きなプレゼントがもらえる。利他の生き方は、私たちの人生に大きなフルーツを実らせてくれるのです。

しかも、利害関係でつながった人間関係と違い、友情や愛情、信頼でつながった関係性は簡単には壊れません。その関係性は、きっと人生後半を豊かに彩ってくれるはずです。

「いつまでも残るものは信仰と希望と愛です。そのなかでいちばんすぐれているのは愛です」(「コリント人への手紙　第一」一三章一三節)――これも、友人が木彫りを作ってくれてプレゼントしてくれたものが、私の食卓の壁にかかっています。最大最強のフルーツは「愛」です。

欠けているからつながれる

「地上にては欠けたる弧《アーク》、天上にて全き円《ラウンド》」

これは英国詩人ロバート・ブラウニング（一八一二〜八九）の『アブト・ヴォーグラー』という長い詩の一部で、私が大学時代に好きだった詩です。なんとそれから四〇年が経って、日野原先生の口から再びお聞きしたフレーズです。

ブラウニングは当時の作曲家アブト・ヴォーグラーの曲を聴き、たいへん感銘を受け、それを猛烈に長い詩にしました。これはその一節なのです。

私は大学時代に初めてこの詩に出合い、とくにこの一節に心を惹かれました。なぜなら「地上にては欠けたる弧《アーク》」という部分が、「地上の我々は、誰でも欠けている部分があるものなのだ、それでいいじゃないか」というエールのように響いたから。「そうか、欠けているところがあったっていいのだ」と、ついつい完璧主義に走りがちだった当時の私を力づけてくれたのです。

それから四〇年後に、再びこの詩の一節に出合ったときには驚きました。それは日野原重明先生のお誕生日会のときのこと。先生が前に出ていき、ホワイトボードに大きな円を描いたのです。そして「一人で円をつくろうと思ったら小さな円しかつくれない。でもみんなが集まって、それぞれ自分は弧《アーク》になり、それでみんながつながれば大きな円になる」というようなことをおっしゃったのです。「あ、これはブラウニングだ」と思い先生にお聞きすると、数日後、先生は秘書の方を通して詩集のコピーを送ってくださいました。アメリカの友人からすぐ取り寄せてくださった英文の『アブト・ヴォーグラー』でした。

そしてあらためてこの詩に向き合い、「自分には欠けているところがある」と自覚することの大切さを思ったのです。それは完璧さを求めない、そして謙虚になるということでもありますね。

自分は欠けている（弧《アーク》である）と思うからこそ、ほかの人と手を結ぼうとする。みんなとつながろうとする。一人だけでは本当に小さな円しかつくれないけれど、みんなとつながれば大きな円ができる。つまり一人で完璧を求めないことは、自分の気が楽になるだけでなく、ほかの人とつながり、大きな円ができる可能性が広がるということなのです。

油性ペンで描かれた大きな円《ラウンド》は、人と人とのつながりをつねに思っていた日野原先生ならではのものだなと思ったものでした。

人は歳を重ねれば重ねるほど身についていくもの、深みが増していくものもありますが、一方で失っていくものもあります。残念ながら「欠け」の部分が増えていくわけですね。それでもみなで手をつなげば立派な円《ラウンド》になれます。そう考えると何だか元気が湧いてきませんか。さあ、これからみなで、若い世代も巻き込んでつながり、大きな円を描いていきましょう。

本書を読んでくださったあなたと私も手をつないで「弧《ル・アーク》」となって、「円《ル・ラウンド》」を創《つく》りましょう。この世の命の終わりが私たちの人生の愉快な総仕上げでありますように。

エピローグ ～人生後半の果実は、直感でも「大善」に立てること

今年の春、四月二日に私は京都の「哲学の道」を歩いていました。このシーズンは桜の花が満開のなか、散った花びらがまるで「いかだ」のように川面《かわも》に浮かぶ「花筏《はないかだ》」の美しいシーズンです。

近くに京都大学があります。名誉教授で日本の西田派哲学を牽引した西田幾多郎《きたろう》博士が毎朝散歩して思索にふけったのが、この道です。

京都に行けるときは必ず、二キロもないこの川沿いの道をそぞろ歩くのが私の大きな楽しみです。今年は、前日に滋賀県の賀茂神社で会議があり、仲間のOさんが「まだ行ったことがありません」というのでお誘いして前夜京都のホテルに泊まり、みんなが朝一〇時に集合する前に小道の散策を開始したのでした。

インバウンドのせいでしょうか。英語、フランス語、ドイツ語、イタリア語と欧米

の言葉が耳に飛び込んで実ににぎやか。「思索」には少々騒々しかったものの、西田先生にも名著『善の研究』があり、パフォーマンス学の開始からギリシャ哲学のアリストテレスの「大善」と、能から現代人の演技性まで、それに心理学の技法の三つを土台としてきた私には、騒々しさは気にならない。七六歳のいま、ここに立って花筏を眺めている自分の幸運のほうが心を満たしていました。

本書でご一緒にたどった「超絶主義」のアメリカ思想のルネサンスを巻き起こしたエマソンも、その仲間のソローらもよく、朝のコンコードのウォールデン池のまわりの森の小道を散策しました。本文で詳述したトラインもその仲間です。トラインの著作には、自動車王ヘンリー・フォードや名だたる成功者が心酔しました。トラインも、エマソンを心底尊敬していました。

信州大学時代の私がエマソンに「心酔」どころか「浸水」みたいになっていたことはすでに述べたとおりです。二〇代の私にとって「超絶主義」は万能でした。「書物は学者が暇なときに読むもの、本当の学者は森や木や空の雲や見えないものと話せ」

というエマソンの言葉は、生意気ざかりで未熟な私には、まさに「天の声」です。
「そうだ、そうだ、直感だ。狭いこの界隈の常識より自分の直感をもっと大きな空間で自由に羽ばたかせればいいんだ」という、いま思えば生意気千万で勝手な結論でした。
「偉大な人は、直感の土台に多くの人生経験があり、失敗があり、膨大な学びからくる知恵があるのだ」とは、まだわからずに……。

信州大学教育学部は、前身が長野師範と呼ばれた誇り高い国立大学です。その英語学科で成績がトップでも女性は卒業生総代に選ばれませんでした。長野県立蟻《あり》ヶ《が》崎《さき》高校が女子校で、生徒会議長と英語クラブ長をやってきた私には大きな不満でした。そんな男尊女卑の価値観への反発も強くて、卒業と同時に上京して、江戸川区立中学の英語教師になりました。それを一年で辞めた事情は本文でお伝えしました。

いま思えば、エマソンや西田先生が散策や思索で直感が効いたのは、彼らのものすごい学びと才能と努力と知識と、苦労がその背後にあったからだと、当然気づきます。エマソンにいたっては、名門教会の牧師なのに、神様は尊敬するけれど教会の儀式はつまらないと正面から書いて、当時のクリスチャン界から締め出されたこともありました。

やがて理解されて一九三七年には母校ハーバード大学神学部の卒業生組織の講演に招かれて「The American scholar（アメリカの学者）」という一時間ほどの有名な講演をしました。この内容にも夢中になったのが信大時代の私です。

エマソンの直感や西田先生の直感は、二〇代の若造（若娘？）の直感とはレベルが違います。彼らはそういう人生の積み重ねと挫折経験を経て、人生半ばや後半で花が開いたわけです。何も考えず、チコちゃんに叱られるみたいに「ボーっと生きていた」のではない。ものすごい学びと思考を重ねて、人の思いにも、宇宙や神の声にも真剣に耳を傾けて思想家や哲学者として成功しました。

ここで、本文で詳述したキャリア（ギリシャの凱旋車チャリオットの「わだち」が語源）のところをもう一度お読みください。「キャリア」は東大に入って「キャリア組」として企業や役所に就職する人のことではないし、外資系大企業で幹部になることでもない。自分のチャリオットを努力して引き続けて収穫の実り「果実」を手に入れるのは、読者のあなたであり、私ですね。

「ピンピンコロリでバタリと死にたい」などという人もいますが、そのとおりにできた人は私の知る限りでは、平安末期から鎌倉時代を生きた西行《さいぎょう》法師ぐらいです。彼は「願わくば　花のもとにて春死なん。この如月の望月のころ」と歌って、そのとおりに山桜満開のもとで亡くなりました。

でも、「ふつうの人である私たち」は、自分の生のエンドマークは出せない。出すのは、神様でしょう。

巷《ちまた》で、家庭で、オンラインのパソコンの前で、森を歩きながら、私たちみんなが自分なりにいっしょうけんめいに歩いてきたその道。そこにいつも一輪の花を咲かせてきましたね。目立つ花も、目立たない花も、小さな花も大きな花も、その生業の上に、多くの人が一生懸命歩いてきました。

そして世間でいう「成功、サクセス」を手に入れた人もいます。いまもそれを維持している人もいれば、どうやってもサクセスには手が届かなかった人もいるでしょう。

それでいいと、私は思うのです。サクセスを手に入れた人は、人生後半にはその成果を使って大きくて深い愛を現実の形に移して果実に昇華させるチャンスでしょう。

わかりやすい例は山ほどあります。ほんの一例ですが、あのビル・ゲイツも二〇〇〇年、四五歳のときに「ビル&メリンダ財団」をつくって、世界の人々の健康と生産的生活支援に人生後半を使っています。稲盛和夫さんの「稲盛財団」もしかりです。

そう聞くと、読者の誰かからは「私なんか何ももっていませんから」と引く声も聞こそうです。

でも、心配無用です。サクセスに縁遠かった人も、フルーツフルな人生はいまの瞬間からできることです。本文でお伝えしたとおり、ナウエンは「フルーツは弱さのなかにも芽生え、人との交わりのなかで実る」と書いていましたね。

誰でも自分の弱さの自覚があれば謙虚になれます。その謙虚な視点からまわりを見回せば、あなたの助けをほしいと思っている人がたくさん見つかるでしょう。


小さな例で恐縮ですが、信州から二二歳で出てきて、二二歳の結婚と二四歳の出産を経験して二〇年間の「心臓外科医の妻」を経て、その後の一一年間にわたってアメリカや中国はもちろんアフリカやコスタリカ共和国、フィンランドと世界を飛び回る私のコミュニケーション学会でのパフォーマンス学の活動すべてに同行してくれたパートナーを五四歳で失いました。

同時に、自分を犠牲にしてあたたかく私や妹を育ててくれた母の突然の逝去と博士号取得がありました。喜んでいいときなのか、泣いていいときなのか、全部がごちゃまぜになった結果、一週間パニック障害になり、入院もしました。そのときに支えてくれたのは、松原湖の光であり、家族や友人たちです。

それがあったから、どん底からのV字回復があり、みんなの幸せづくりのためのパフォーマンス学の普及・教育をして後進を育てようと猛烈な努力をしているいまの日々が無性に大切です。

ありがたい果実です。毎日が朝の祈りに始まり、ルーティンの二キロのウォーキングのあとの時間は毎日怒濤《どとう》のような仕事の戦場です。

社会人の自己表現力養成のための「佐藤綾子のパフォーマンス学講座」は、ありがたいことに今年三〇期生を迎え、生徒さんたちはみな社会で大活躍しています。そして、明るい。「ATT（明るく楽しく自他のためになる）」という願いを分かち合っている同志でもあります。

この数年やっと哲学と能の勉強も、専門の先生方のもとで再開しました。寸暇を惜しんでAI研究にも参加しています。

さまざまな道のりを経てきた私が、ただ一つもっている資産は「パフォーマンス学」とその仲間と、みんなからの降りそそぐような愛と、その照り返しの私からの愛だけです。

読者のみなさまはきっと、一人ひとりの引いてきたチャリオットのわだちの上にさまざまな喜びをこれからさらに深く、大きく、見つけていかれるに違いありません。

そして、いつか「佐藤さんのいっていたフルーツフルな人生って、私のことよね」とか「僕はもともとサクセスもフルーツも山盛りにあるから、これからさらに、それらを育てていく人生後半もなかなかいいね」とつぶやかれることでしょう。

若いときに見えなかったものが見えるのが人生後半の醍醐味。しかもそれは、見えない宇宙や神と直結しています。そんな「あなたの直感」こそ宝ものですね。判断基準の「大善」は本文で詳述しました。

読後のあなたから、若者とはまったく違う人生賛歌の小さな、あるいは大きな声が聞けることを心から期待して、本文でも紹介したノヴァーリスの詩を再び掲げて、感謝とともに、笑顔でこの旅の本を結ぶことにしましょう。

すべてのみえるものは　みえないものにさわっている
きこえるものは　きこえないものにさわっている
感じられるものは　感じられないものにさわっている
おそらく　考えられるものは　考えられないものにさわっているだろう

二〇二三年聖夜に

佐藤綾子

【関連諸団体とその連絡先】

1 佐藤綾子のパフォーマンス学講座®
（文部科学省認可 〔社〕パフォーマンス教育協会後援団体）

連絡先：国際パフォーマンス研究所
〒156-0045　東京都世田谷区桜上水 4-18-26
Tel：03-5357-3855　Fax：03-3290-0590
HP：http://www.spis.co.jp/
E-mail：spis@spis.co.jp

1994年4月に創立された、長年の歴史と高い評価を誇る、社会人のための自己表現能力向上セミナーです。公認パフォーマンスカウンセラー資格、文部科学省認可団体社団法人パフォーマンス教育協会認定インストラクター資格を取得できます。1講座を聴講できる特別公開講座もあります。入学案内書をお送りいたします。

2 社団法人パフォーマンス教育協会（国際パフォーマンス学会）

連絡先：社団法人パフォーマンス教育協会（国際パフォーマンス研究所内）
〒156-0045　東京都世田谷区桜上水 4-18-26
Tel：03-5357-3858　Fax：03-3290-0590
HP：http://www.ipef.jp/
E-mail： ipef@spis.co.jp

1992年10月に創立された、日本初の産学共同体制の学会です。コンベンション、勉強会、ワークショップ等を行い、会員には機関誌、ニューズレターを配布します。入会案内書をお送りいたします。

3「AS 自己表現力診断テスト®（PQ テスト®）」受験について

受験申込は下記ＱＲコードでお願いいたします。

http://www.spis.co.jp/performance-quotient-test

記入済み回答用紙を事務局に提出してください。佐藤及び診断士による個人カルテを作成して丁寧にお答えします。

オンライン受験もあり。

受験料は、採点のみ 4,400 円、専門家アドバイス付きカルテ含め 7,700 円（税込）。

4 佐藤綾子のパフォーマンス学講座® オンラインスクール

お申込は下記ＱＲコードでお願いいたします。

http://www.spis.co.jp/online-school-basic

パフォーマンス心理学が 200 本の動画としてオンラインで学べるようになりました。対面スクーリングも年数回確保。

佐藤綾子の 44 年間の研究・研修データが満載です。

※パフォーマンスおよびパフォーマンス学（日常生活における自己表現学）は佐藤綾子により商標登録されています。許可のない使用を禁じます。

佐藤綾子　さとう・あやこ

長野県生まれ。信州大学教育学部卒。ニューヨーク大学大学院パフォーマンス研究科卒（MA）、上智大学大学院文学研究科卒（MA）、同博士課程修了。立正大学大学院心理学専攻、博士（パフォーマンス学・心理学）。日本大学芸術学部教授を経て、ハリウッド大学院大学教授、一般社団法人パフォーマンス教育協会理事長、株式会社国際パフォーマンス研究所代表。自己表現力養成セミナー「佐藤綾子のパフォーマンス学講座®」主宰。パフォーマンス心理学の第一人者として、累計4万人のビジネスリーダーや国会議員のスピーチ指導を行う。
著書に『愛して学んで仕事して』（講談社文庫）、『パフォーマンス人間の時代』（青春出版社）、『自分をどう表現するか』（講談社現代新書）、『成功はPQで決まる』（学研プラス）、『1秒オーラ好意はなぜ発生するのか』（集英社）など。本著が200冊目に当たる。

55歳から「実りの人生」

2024年3月 1 日　初版印刷
2024年3月10日　初版発行

著　者　佐藤綾子
発行人　黒川精一
発行所　株式会社サンマーク出版
〒169-0074 東京都新宿区北新宿2-21-1
電話　03-5348-7800
印　刷　株式会社暁印刷
製　本　株式会社村上製本所
ISBN978-4-7631-4111-8 C0030
ホームページ https://www.sunmark.co.jp

©Ayako Sato,2024

サンマーク出版・話題の本

人生の黄昏を黄金に変える「賢者のかけ算」

井上裕之【著】

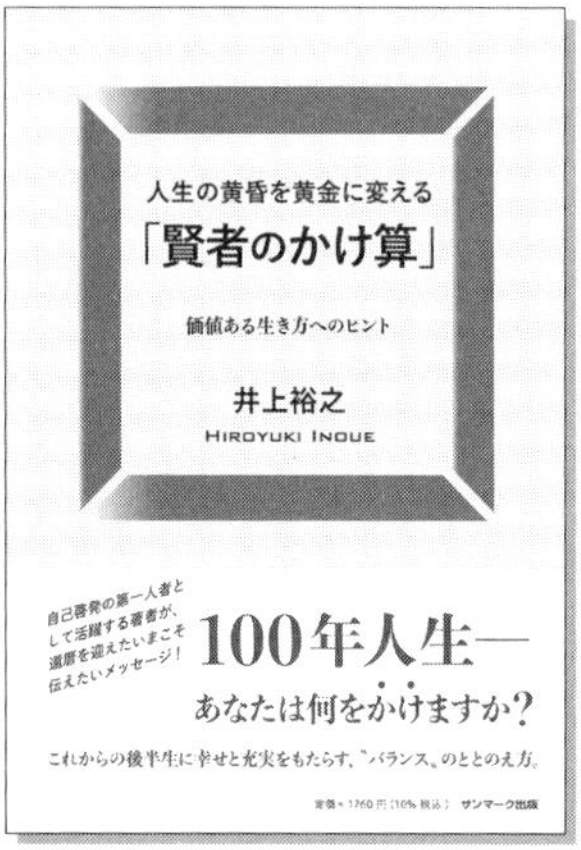

四六判並製／定価＝本体 1600 円＋税

人生 100 年、
価値ある生き方を実現するための
27の「かけ算」とは？
自己啓発の第一人者として活躍する著者が、
還暦を迎えて伝えたいメッセージ！

心の声×現実／信念×柔軟さ／得るもの×失うもの／仕事×家庭／自由×覚悟／直感×経験／自己信頼×自己責任／無力さ×思慮深さ／かなえること×手ばなすこと／視野を広げる×焦点をしぼる／忍耐×容認／自己愛×思いやり／プライド×器／言葉×感情／運命×バイオリズム／性格×意味づけ／お金×意識／継続習慣×健康管理……etc.

電子版は Kindle、楽天〈kobo〉、または iPhone アプリ（iBooks 等）で購読できます。

サンマーク出版・話題の本

千に一つの奇跡をつかめ！

千本倖生【著】

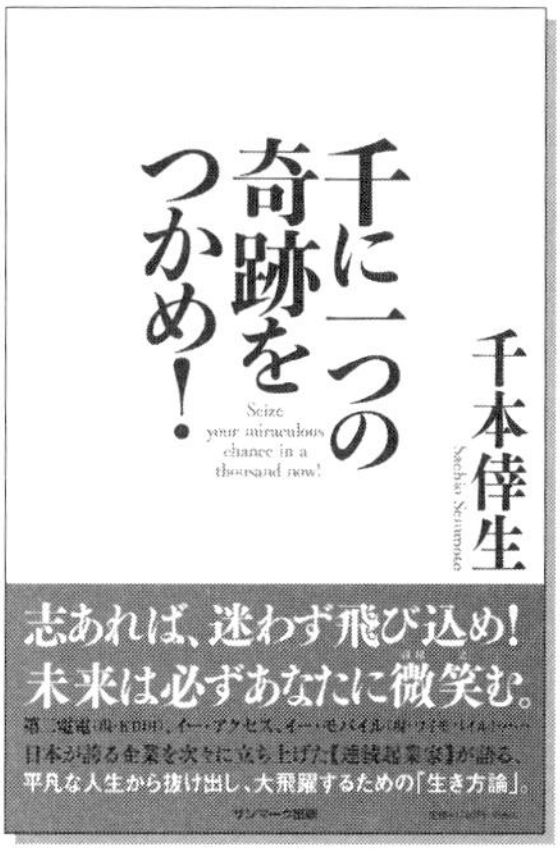

四六判上製／定価＝本体 1600 円＋税

稲盛和夫氏とともに
現・KDDI の第二電電を立ち上げ、
日本が誇る企業を次々につくった
【連続起業家】が語る、
平凡な人生から抜け出し、大飛躍するための「生き方論」。

プロローグ　命が輝く生き方をしよう
第 1 章　ゼロからイチを生み出す力
第 2 章　苦難は栄光の呼び水
第 3 章　最初に飛び込むペンギンとなれ
第 4 章　利他の心で生かされ生きる

電子版は Kindle、楽天〈kobo〉、または iPhone アプリ（iBooks 等）で購読できます。

サンマーク出版・不朽のミリオンセラー

生き方

人間として一番大切なこと

稲盛和夫【著】

四六判上製／定価＝本体 1700 円＋税

2つの世界的大企業・京セラとKDDIを創業し、
JAL の再建を成し遂げた当代随一の経営者である著者が、
その成功の礎となった人生哲学を
あますところなく語りつくした「究極の人生論」。
企業人の立場を超え、すべての人に贈る渾身のメッセージ。

第１章　思いを実現させる
第２章　原理原則から考える
第３章　心を磨き、高める
第４章　利他の心で生きる
第５章　宇宙の流れと調和する

電子版は Kindle、楽天〈kobo〉、または iPhone アプリ（iBooks 等）で購読できます。